Hispaania Kulinaaria Rännak
Autentsed Maitsed ja Kultuurilised Avastused

Miguel Ramos

KOKKUVÕTE

VALGE SAUTIFARRAGA BEEBITOAD 26
KOOSTISOSAD 26
TÖÖTLEMINE 26
TRIKK 26
ROHELISED UBAD SINGIGA 27
KOOSTISOSAD 27
TÖÖTLEMINE 27
TRIKK 27
LAmbalihahautis 28
KOOSTISOSAD 28
TÖÖTLEMINE 28
TRIKK 29
BAKLAŽANIVIÜS KITSEJUUSTU, MEE JA KARRIGA 30
KOOSTISOSAD 30
TÖÖTLEMINE 30
TRIKK 30
VALGE SPARAGLI JA SUITSULÕHE KOOK 31
KOOSTISOSAD 31
TÖÖTLEMINE 31
TRIKK 31
MUSTA KINNAGA TÄIDISTUD PIQUILLO PAPRIK MAGUSA SINEPIKASTEGA 32
KOOSTISOSAD 32
TÖÖTLEMINE 32

TRIKK 32
TARTLID MANDLIKASTEGA 33
    KOOSTISOSAD 33
    TÖÖTLEMINE 33
    TRIKK 34
PISTO 35
    KOOSTISOSAD 35
    TÖÖTLEMINE 35
    TRIKK 35
PORUPURU TAIMSEVIINIGRETIGA 37
    KOOSTISOSAD 37
    TÖÖTLEMINE 37
    TRIKK 37
PORRU-, PEEKONI- JA JUUSTUQUITŠE 38
    KOOSTISOSAD 38
    TÖÖTLEMINE 38
    TRIKK 39
PROVENSALE TOMATID 40
    KOOSTISOSAD 40
    TÖÖTLEMINE 40
    TRIKK 40
TÄIDISTUD SIBULAT 41
    KOOSTISOSAD 41
    TÖÖTLEMINE 41
    TRIKK 41
SEENEKREEM PÄHKLITEGA 42

KOOSTISOSAD 42

TÖÖTLEMINE 42

TRIKK 42

TOMATI-BASILIKUKOOK 43

KOOSTISOSAD 43

TÖÖTLEMINE 43

TRIKK 43

KARTULIHAUTUS KARRIKANAGA 44

KOOSTISOSAD 44

TÖÖTLEMINE 44

TRIKK 45

KÕVAKSKEEDETUD MUNAD 46

KOOSTISOSAD 46

TÖÖTLEMINE 46

TRIKK 46

MATERJAL KARTUL 47

KOOSTISOSAD 47

TÖÖTLEMINE 47

TRIKK 47

PEHMED MUNAD PURKSIGA 49

KOOSTISOSAD 49

TÖÖTLEMINE 49

TRIKK 50

ŠOKOLAADI JÄNES Röstitud mandlitega 51

KOOSTISOSAD 51

TÖÖTLEMINE 51

TRIKK 52
PEENÜRTID KASVATATUD LAMB CRIADILLAS 53
    KOOSTISOSAD 53
    TÖÖTLEMINE 53
    TRIKK 53
MILANO SKALOOPID 54
    KOOSTISOSAD 54
    TÖÖTLEMINE 54
    TRIKK 54
AEDA LIHAHAUTUS 55
    KOOSTISOSAD 55
    TÖÖTLEMINE 55
    TRIKK 56
FLAMENKIINI 57
    KOOSTISOSAD 57
    TÖÖTLEMINE 57
    TRIKK 57
FRICANDO VASIKALIHA 58
    KOOSTISOSAD 58
    TÖÖTLEMINE 58
    TRIKK 59
PUDU CHORIZO JA VORSTIGA 60
    KOOSTISOSAD 60
    TÖÖTLEMINE 60
    TRIKK 61
LAKON KAALIKATEGA 62

KOOSTISOSAD 62
TÖÖTLEMINE 62
TRIKK 63
VASIKAMAKS PUNAVEINI KASTSES 64
KOOSTISOSAD 64
TÖÖTLEMINE 64
TRIKK 65
JÄNES HAUTUSES 66
KOOSTISOSAD 66
TÖÖTLEMINE 66
TRIKK 67
SEALÜÜK VIRKUGA 68
KOOSTISOSAD 68
TÖÖTLEMINE 68
TRIKK 68
ENTOMATO MAGRO 69
KOOSTISOSAD 69
TÖÖTLEMINE 69
TRIKK 70
SEAPÜKSID HAUTUSES 71
KOOSTISOSAD 71
TÖÖTLEMINE 71
TRIKK 72
PURU 73
KOOSTISOSAD 73
TÖÖTLEMINE 73

TRIKK	73
TÄIDISTUD SEALÜLE	74
KOOSTISOSAD	74
TÖÖTLEMINE	74
TRIKK	75
VASIKALIHA CARBONARA	76
KOOSTISOSAD	76
TÖÖTLEMINE	76
TRIKK	77
LAMBAKIIS PORCINIGA	78
KOOSTISOSAD	78
TÖÖTLEMINE	78
TRIKK	79
VASIKALIHA OSSOBUCO ORANŽIGA	80
KOOSTISOSAD	80
TÖÖTLEMINE	80
TRIKK	81
VORSTID VEINIS	82
KOOSTISOSAD	82
TÖÖTLEMINE	82
TRIKK	82
INGLISE LIHAPIRK	84
KOOSTISOSAD	84
TÖÖTLEMINE	84
TRIKK	85
JOODETUD VEISELIHA RING	86

KOOSTISOSAD 86

TÖÖTLEMINE 86

TRIKK 87

RENI JEREZIS 88

KOOSTISOSAD 88

TÖÖTLEMINE 88

TRIKK 89

MILANESASI OSSOBUCO 90

KOOSTISOSAD 90

TÖÖTLEMINE 90

TRIKK 91

IBERIA SALADUS ISETEHTUD CHIMICHURRI KASTEGA 92

KOOSTISOSAD 92

TÖÖTLEMINE 92

TRIKK 92

VASIKALIHA TUUN 94

KOOSTISOSAD 94

TÖÖTLEMINE 94

TRIKK 95

HÄRGSABA 96

KOOSTISOSAD 96

TÖÖTLEMINE 96

TRIKK 97

BROWNIE 98

KOOSTISOSAD 98

TÖÖTLEMINE 98

TRIKK	98
SIDRUNI SORBET MÜNDIGA	99
KOOSTISOSAD	99
TÖÖTLEMINE	99
TRIKK	99
ASTUURIA RIISIPUDDING	100
KOOSTISOSAD	100
TÖÖTLEMINE	100
TRIKK	100
KODUNE RICOTTA MEE JA PÄHKLEGA	101
KOOSTISOSAD	101
TÖÖTLEMINE	101
TRIKK	101
KOHVIBISKVIIT	102
KOOSTISOSAD	102
TÖÖTLEMINE	102
TRIKK	102
AMEERIKA ÕUNAKOOK	103
KOOSTISOSAD	103
TÖÖTLEMINE	103
TRIKK	104
SOLETILLA KOOK	105
KOOSTISOSAD	105
TÖÖTLEMINE	105
TRIKK	105
PROFITEROOLID	106

KOOSTISOSAD 106
TÖÖTLEMINE 106
TRIKK 107
ÕUNA TART TATIN 108
KOOSTISOSAD 108
TÖÖTLEMINE 108
TRIKK 108
VALGE ŠOKOLAADI- JA ApelSIN-VAHT 109
KOOSTISOSAD 109
TÖÖTLEMINE 109
TRIKK 109
APELSINIKREEM 110
KOOSTISOSAD 110
TÖÖTLEMINE 110
TRIKK 110
JOGURTKOOK 111
KOOSTISOSAD 111
TÖÖTLEMINE 111
TRIKK 111
BANAANIKOMPOT ROSMARIINIGA 112
KOOSTISOSAD 112
TÖÖTLEMINE 112
TRIKK 112
CREME BRULEE 113
KOOSTISOSAD 113
TÖÖTLEMINE 113

- TRIKK 113
- KREEMIGA TÄIDETUD MUSTLASAAR 115
  - KOOSTISOSAD 115
  - TÖÖTLEMINE 115
  - TRIKK 115
- MUNA FLAN 116
  - KOOSTISOSAD 116
  - TÖÖTLEMINE 116
  - TRIKK 116
- CAVA JELLY MAASIKAGA 117
  - KOOSTISOSAD 117
  - TÖÖTLEMINE 117
  - TRIKK 117
- PANKOOGID 118
  - KOOSTISOSAD 118
  - TÖÖTLEMINE 118
  - TRIKK 118
- PÜHA JOHANNE KOKS 119
  - KOOSTISOSAD 119
  - TÖÖTLEMINE 119
  - TRIKK 120
- PIRNIKOMPOTI MASCARPONEGA 121
  - KOOSTISOSAD 121
  - TÖÖTLEMINE 121
  - TRIKK 121
- ŠOKOLAADI KOULANT 123

KOOSTISOSAD 123

TÖÖTLEMINE 123

TRIKK 124

PORGANDI-JUUSTUKOOK 125

KOOSTISOSAD 125

TÖÖTLEMINE 125

TRIKK 126

CATALAN KREEM 127

KOOSTISOSAD 127

TÖÖTLEMINE 127

TRIKK 127

PRANTSUSE röstsai 129

KOOSTISOSAD 129

TÖÖTLEMINE 129

TRIKK 129

KOHALDATUD KREEM 130

KOOSTISOSAD 130

TÖÖTLEMINE 130

TRIKK 130

VIRSIKU- JA KOOKOSLEHN 131

KOOSTISOSAD 131

TÖÖTLEMINE 131

TRIKK 131

VALGE ŠOKOLAADI JA PUUVILJAFONDUE 132

KOOSTISOSAD 132

TÖÖTLEMINE 132

TRIKK 132

PUNASED PUUVILJAD MÜNDI MAGUS VEINIGA 132

    KOOSTISOSAD 133

    TÖÖTLEMINE 133

    TRIKK 133

INTXAURSALSA (kreekapähklikreem) 134

    KOOSTISOSAD 134

    TÖÖTLEMINE 134

    TRIKK 134

BESEKE PIIM 135

    KOOSTISOSAD 135

    TÖÖTLEMINE 135

    TRIKK 135

KASSI KEELED 136

    KOOSTISOSAD 136

    TÖÖTLEMINE 136

    TRIKK 136

ORANŽID KOKKUKOGID 137

    KOOSTISOSAD 137

    TÖÖTLEMINE 137

    TRIKK 137

RÖSTITUD ÕUNAD PORTIGA 138

    KOOSTISOSAD 138

    TÖÖTLEMINE 138

    TRIKK 138

KEEDETUD BESEKE 139

KOOSTISOSAD 139

TÖÖTLEMINE 139

TRIKK 139

VRESIDINE 140

KOOSTISOSAD 140

TÖÖTLEMINE 140

TRIKK 141

LILLA KOMM PANNA COTTA 142

KOOSTISOSAD 142

TÖÖTLEMINE 142

TRIKK 142

TSITRUSE KÜPSIKAD 143

KOOSTISOSAD 143

TÖÖTLEMINE 143

TRIKK 144

MANGA PASTA 145

KOOSTISOSAD 145

TÖÖTLEMINE 145

TRIKK 145

PIRNID VEINIS 146

KOOSTISOSAD 146

TÖÖTLEMINE 146

TRIKK 146

ALASKA PIRK 147

KOOSTISOSAD 147

TÖÖTLEMINE 147

TRIKK 148
PUDDING 149
    KOOSTISOSAD 149
    TÖÖTLEMINE 149
    TRIKK 149
PIRNID ŠOKOLAADIS PIPARGA 150
    KOOSTISOSAD 150
    TÖÖTLEMINE 150
    TRIKK 150
KOLME ŠOKOLAADIKOOK KÜPSIKIDEGA 151
    KOOSTISOSAD 151
    TÖÖTLEMINE 151
    TRIKK 152
VEITSI MEREING 153
    KOOSTISOSAD 153
    TÖÖTLEMINE 153
    TRIKK 153
SARAPUUPÄHKLI KREPID BANAANIGA 154
    KOOSTISOSAD 154
    TÖÖTLEMINE 154
    TRIKK 155
SIDRUNIKOOK ŠOKOLAADIALUSEGA 156
    KOOSTISOSAD 156
    TÖÖTLEMINE 156
    TRIKK 157
TIRAMISU 158

KOOSTISOSAD 158

TÖÖTLEMINE 158

TRIKK 159

INTXAURSALSA (kreekapähklikreem) 160

KOOSTISOSAD 160

TÖÖTLEMINE 160

TRIKK 160

BESEKE PIIM 161

KOOSTISOSAD 161

TÖÖTLEMINE 161

TRIKK 161

KASSI KEELED 162

KOOSTISOSAD 162

TÖÖTLEMINE 162

TRIKK 162

ORANŽID KOKKUKOGID 163

KOOSTISOSAD 163

TÖÖTLEMINE 163

TRIKK 163

RÖSTITUD ÕUNAD PORTIGA 164

KOOSTISOSAD 164

TÖÖTLEMINE 164

TRIKK 164

KEEDETUD BESEKE 165

KOOSTISOSAD 165

TÖÖTLEMINE 165

TRIKK 165
VRESIDINE 166
    KOOSTISOSAD 166
    TÖÖTLEMINE 166
    TRIKK 166
LILLA KOMM PANNA COTTA 167
    KOOSTISOSAD 167
    TÖÖTLEMINE 167
    TRIKK 167
TSITRUSE KÜPSIKAD 168
    KOOSTISOSAD 168
    TÖÖTLEMINE 168
    TRIKK 169
MANGA PASTA 170
    KOOSTISOSAD 170
    TÖÖTLEMINE 170
    TRIKK 170
JOGURTKOOK 171
    KOOSTISOSAD 171
    TÖÖTLEMINE 171
    TRIKK 171
BANAANIKOMPOT ROSMARIINIGA 172
    KOOSTISOSAD 172
    TÖÖTLEMINE 172
    TRIKK 172
CREME BRULEE 173

KOOSTISOSAD 173

TÖÖTLEMINE 173

TRIKK 173

KREEMIGA TÄIDETUD MUSTLASAAR 175

KOOSTISOSAD 175

TÖÖTLEMINE 175

TRIKK 175

MUNA FLAN 176

KOOSTISOSAD 176

TÖÖTLEMINE 176

TRIKK 176

CAVA JELLY MAASIKAGA 177

KOOSTISOSAD 177

TÖÖTLEMINE 177

TRIKK 177

PANKOOGID 178

KOOSTISOSAD 178

TÖÖTLEMINE 178

TRIKK 178

PÜHA JOHANNE KOKS 179

KOOSTISOSAD 179

TÖÖTLEMINE 179

BOLOGNESE KASTE 180

KOOSTISOSAD 180

TÖÖTLEMINE 180

TRIKK 181

VALGE puljong (KANA VÕI VEISELIHA) 182
    KOOSTISOSAD 182
    TÖÖTLEMINE 182
    TRIKK 183
TOMATI KONCASS 184
    KOOSTISOSAD 184
    TÖÖTLEMINE 184
    TRIKK 184
ROBERTO KASTE 186
    KOOSTISOSAD 186
    TÖÖTLEMINE 186
    TRIKK 186
ROOSA KASTE 187
    KOOSTISOSAD 187
    TÖÖTLEMINE 187
    TRIKK 187
KALADE SÄILITAMINE 188
    KOOSTISOSAD 188
    TÖÖTLEMINE 188
    TRIKK 188
SAKSAMAA KASTE 189
    KOOSTISOSAD 189
    TÖÖTLEMINE 189
    TRIKK 189
JULGE KASTE 190
    KOOSTISOSAD 190

TÖÖTLEMINE...190

TRIKK... 191

TUME puljong (KANA VÕI VEISELIHA)...192

    KOOSTISOSAD...192

    TÖÖTLEMINE...192

    TRIKK..193

MOJO PICON..194

    KOOSTISOSAD...194

    TÖÖTLEMINE...194

    TRIKK..194

PESTO KASTE...195

    KOOSTISOSAD...195

    TÖÖTLEMINE...195

    TRIKK..195

MAGUSHAPU KASTE..196

    KOOSTISOSAD...196

    TÖÖTLEMINE...196

    TRIKK..196

ROHELINE MOJITO..197

    KOOSTISOSAD...197

    TÖÖTLEMINE...197

    TRIKK..197

BESAMO KASTE...198

    KOOSTISOSAD...198

    TÖÖTLEMINE...198

    TRIKK..198

JAHIKASTE 199
    KOOSTISOSAD 199
    TÖÖTLEMINE 199
    TRIKK 199

AIOLI KASTE 200
    KOOSTISOSAD 200
    TÖÖTLEMINE 200
    TRIKK 200

AMEERIKA KASTE 201
    KOOSTISOSAD 201
    TÖÖTLEMINE 201
    TRIKK 202

AURORA "KASTE 203
    KOOSTISOSAD 203
    TÖÖTLEMINE 203
    TRIKK 203

GRILLIKASTUS 204
    KOOSTISOSAD 204
    TÖÖTLEMINE 204
    TRIKK 205

BERNESE KASTE 206
    KOOSTISOSAD 206
    TÖÖTLEMINE 206
    TRIKK 207

CARBONARA KASTE 208
    KOOSTISOSAD 208

TÖÖTLEMINE.. 208

TRIKK 208

VORSTIKASTE 209

KOOSTISOSAD 209

TÖÖTLEMINE 209

TRIKK 210

CUMBERLAND KASTE 211

KOOSTISOSAD 211

TÖÖTLEMINE 211

TRIKK 212

KARRIKASTE 213

KOOSTISOSAD 213

TÖÖTLEMINE 213

TRIKK 214

KÜÜSLUGUKASTE 215

KOOSTISOSAD 215

TÖÖTLEMINE 215

TRIKK 215

MURAKASKASTE 216

KOOSTISOSAD 216

TÖÖTLEMINE 216

TRIKK 216

SIIDRIKASTE 217

KOOSTISOSAD 217

TÖÖTLEMINE 217

TRIKK 217

KETŠUP 218
    KOOSTISOSAD 218
    TÖÖTLEMINE 218
    TRIKK 219
PEDRO XIMÉNEZ VEINIKASTE 220
    KOOSTISOSAD 220
    TÖÖTLEMINE 220
    TRIKK 220
KOOREKASTES 221
    KOOSTISOSAD 221
    TÖÖTLEMINE 221
    TRIKK 221
MAHONNEEESI KASTE 222
    KOOSTISOSAD 222
    TÖÖTLEMINE 222
    TRIKK 222

VALGE SAUTIFARRAGA BEEBITOAD

KOOSTISOSAD

1 **purk rohelisi ube õlis**
2 **küüslauguküünt**
1 **valge vorst**
1 **murulauk**
Oliiviõli
soola

TÖÖTLEMINE

Nõruta ubadest õli pannile. Pruunista selles õlis väikesteks tükkideks lõigatud sibul ja küüslauk ning lisa kuubikuteks lõigatud vorst.

Küpseta 3 minutit, kuni see on kergelt pruunistunud. Tõsta kuumust, lisa oad ja pruunista neid veel 3 minutit. Lisa näpuotsaga soola.

TRIKK

Seda saab valmistada ka roheliste ubadega. Selleks keeda külmas vees 15 minutit või kuni pehme. Värskenda vee ja jääga ning koori. Seejärel valmistage retsept samamoodi.

ROHELISED UBAD SINGIGA

KOOSTISOSAD
600 g rohelisi ube
150 g serrano sinki
1 tl paprikat
5 tomatit
3 küüslauguküünt
1 sibul
Oliiviõli
soola

TÖÖTLEMINE
Kärbi ubade küljed ja otsad ning lõika need suurteks tükkideks. Keeda keevas vees 12 min. Nõruta, jahuta ja jäta alles.

Lõika sibul ja küüslauk väikesteks tükkideks. Pruunista aeglaselt 10 minutit ja lisa Serrano sink. Pruunista veel 5 minutit. Lisa paprika ja riivitud kirsstomatid ning prae, kuni need on kogu vee kaotanud.

Lisa rohelised oad kastmele ja küpseta veel 3 minutit. Lisa näpuotsaga soola.

TRIKK
Serrano singi võid asendada chorizoga.

LAmbalihahautis

KOOSTISOSAD

450 **g lambaliha**
200 **g rohelisi ube**
150 **g kooritud ube**
150 **g herneid**
2 **l lihapuljongit**
2 **dl punast veini**
4 **artišoki südant**
3 **küüslauguküünt**
2 **suurt tomatit**
2 **suurt kartulit**
1 **roheline pipar**
1 **punane pipar**
1 **sibul**
Oliiviõli
Sool ja pipar

TÖÖTLEMINE

Haki, maitsesta ja pruunista lambaliha kõrgel kuumusel. Eemalda ja reserveeri.

Pruunista samas õlis hakitud küüslauku ja sibulat aeglaselt 10 minutit. Lisa riivitud kirsstomatid ja küpseta, kuni vesi on täielikult aurustunud. Vala juurde vein ja lase taheneda.

Vala puljong, lisa lambaliha ja küpseta 50 minutit või kuni liha on pehme. Hooaeg.

Pruunista teises potis eraldi kuubikuteks lõigatud paprika, herned, neljandikku lõigatud artišokid, 8 tükiks lõigatud rohelised oad ja laia oad. Vala sisse lambaliha keedupuljong ja keeda aeglaselt 5 minutit. Lisa kooritud ja tükeldatud kartulid. Keeda pehmeks. Lisa lambaliha ja veidi keedupuljongit.

TRIKK

Keeda herned katmata, et nende värvus ei muutuks hallikaks.

BAKLAŽANIVIÜS KITSEJUUSTU, MEE JA KARRIGA

KOOSTISOSAD

200 g kitsejuustu

1 baklažaan

Kallis

karri

Jahu

Oliiviõli

soola

TÖÖTLEMINE

Lõika baklažaan õhukesteks viiludeks, aseta imavale paberile ja soola mõlemalt poolt. Laske 20 minutit puhata. Eemalda liigne sool, puista peale jahu ja prae.

Lõika juust õhukesteks viiludeks. Pange kokku baklažaanide ja juustu kihid. Küpseta 5 minutit 160 kraadi juures.

Tassige ja lisage igale baklažaaniviilule 1 tl mett ja näpuotsaga karrit.

TRIKK

Baklažaanide lõikamine ja soola sisse jätmine kaotab kogu kibeduse.

VALGE SPARAGLI JA SUITSULÕHE KOOK

KOOSTISOSAD
400 g konserveeritud sparglit
200 g suitsulõhet
½ l koort
4 muna
Jahu
Oliiviõli
Sool ja pipar

TÖÖTLEMINE
Blenderda kõik koostisained kuni saad peene segu. Kurna, et vältida sparglinööre.

Vala eraldi vormidesse, mis on eelnevalt võiga määritud ja jahuga üle puistatud. Küpseta 170°C juures 20 minutit. Seda võib võtta kuumalt või külmalt.

TRIKK
Ideaalseks lisandiks on hakitud värsketest basiilikulehtedest valmistatud majonees.

MUSTA KINNAGA TÄIDISTUD PIQUILLO PAPRIK MAGUSA SINEPIKASTEGA

KOOSTISOSAD
125 ml koort
8 supilusikatäit sinepit
2 supilusikatäit suhkrut
12 piquillo paprikat
2 musta pudingut
Ketirattad
Jahu ja munad (katmiseks)
Oliiviõli

TÖÖTLEMINE
Murenda must puding ja pruunista kuumal pannil peotäie piiniaseemnetega. Lase neil jahtuda ja täida paprikatega. Kasta need jahusse ja munasse ning prae rohkes õlis.

Keeda koort koos sinepi ja suhkruga, kuni see pakseneb. Serveeri paprikaid vürtsika kastmega.

TRIKK
Paprikaid tuleb praadida vähehaaval ja väga kuumas õlis.

TARTLID MANDLIKASTEGA

KOOSTISOSAD

900 g keedetud kartoone
75 g granuleeritud mandleid
50 g jahu
50 g võid
1 liiter kanapuljongit
1 dl valget veini
1 dl koort
1 spl hakitud värsket peterselli
2 küüslauguküünt
2 munakollast
1 sibul
Oliiviõli
Sool ja pipar

TÖÖTLEMINE

Pruunista mandleid ja jahu aeglaselt võis 3 minutit. Valage segades kanapuljong ja keetke veel 20 minutit. Lisa koor ja tulelt maha vahustades lisa munakollased. Hooaeg.

Pruunista õlis eraldi tükeldatud sibul ja küüslauk. Lisa kartoonid, tõsta kuumust ja lisa vein. Laske sellel täielikult väheneda.

Lisa puljong kardoonile ja serveeri peterselliga üle puistatud.

TRIKK

Ärge kuumutage kastet üle pärast munakollaste lisamist, et vältida nende tardumist ja kastme tükkide jäämist.

PISTO

KOOSTISOSAD

4 küpset tomatit
2 rohelist paprikat
2 kabatšokki
2 sibulat
1 punane pipar
2-3 küüslauguküünt
1 tl suhkrut
Oliiviõli
soola

TÖÖTLEMINE

Blanšeerige tomatid, eemaldage nahk ja lõigake kuubikuteks. Koori ja lõika sibul ja kabatšokk kuubikuteks. Puhasta paprikast seemned ja lõika viljaliha kuubikuteks.

Pruunista küüslauku ja sibulat väheses õlis 2 minutit. Lisa paprika ja jätka praadimist veel 5 minutit. Lisa kabatšokid ja pruunista neid veel paar minutit. Lõpuks lisa tomatid ja keeda, kuni need kaotavad kogu vee. Reguleerige suhkur ja sool ning laske keema tõusta.

TRIKK

Võite kasutada konserveeritud tomati viljaliha või head tomatikastet.

PORUPURU TAIMSEVIINIGRETIGA

KOOSTISOSAD

8 **porrut**

2 **küüslauguküünt**

1 **roheline pipar**

1 **punane pipar**

1 **murulauk**

1 **kurk**

12 **supilusikatäit õli**

4 **supilusikatäit äädikat**

Sool ja pipar

TÖÖTLEMINE

Haki paprika, murulauk, küüslauk ja kurk peeneks. Sega õli, äädika, soola ja pipraga. Eemaldada.

Puhasta porru ja keeda neid 15 minutit keevas vees. Eemaldage need ahjust, kuivatage ja lõigake igaüks kolmeks osaks. Roog ja kaste vinegretiga.

TRIKK

Valmista vinegrett tomatist, murulaugust, kapparitest ja mustadest oliividest. Gratineeri porru mozzarellaga ja pruunista. Meeldiv.

PORRU-, PEEKONI- JA JUUSTUQUITŠE

KOOSTISOSAD

200 g Manchego juustu

1 l koort

8 muna

6 suurt porrulauku, puhastatud

1 pakk suitsupeekonit

1 pakk külmutatud lehttainast

Jahu

Oliiviõli

Sool ja pipar

TÖÖTLEMINE

Või ja jahuga vorm ning vooderda see lehttaignaga. Aseta peale alumiiniumfoolium ja mõned kaunviljad, et see ei kerkiks ning küpseta 185°C juures 15 minutit.

Vahepeal pruunista aeglaselt peeneks hakitud porrulauk. Lisa peeneks hakitud peekon.

Sega lahtiklopitud munad koore, porru, peekoni ja riivjuustuga. Maitsesta soola ja pipraga, aseta see segu lehttaigna peale ja küpseta 165°C ahjus 45 minutit või kuni taheneb.

TRIKK

Quiche'i tugevuse kontrollimiseks torgake nõelaga keskele. Kui see tuleb kuivana, on see märk sellest, et kook on juba valmis.

PROVENSALE TOMATID

KOOSTISOSAD

100 g riivsaia

4 tomatit

2 küüslauguküünt

Petersell

Oliiviõli

Sool ja pipar

TÖÖTLEMINE

Koori ja tükelda küüslauk väikesteks tükkideks ning sega riivsaiaga. Lõika kirsstomatid pooleks ja eemalda seemned.

Kuumuta pannil õli ja lisa kirsstomatid lõikepool allapoole. Kui nahk hakkab servadest kerkima, keerake see ümber. Küpseta veel 3 minutit ja aseta need küpsetusnõusse.

Pruunista samal pannil leiva-küüslaugusegu. Kui need on röstitud, puista need üle kirsstomatitega. Kuumuta ahi 180°C-ni ja rösti neid 10 minutit, jälgides, et need ära ei kuivaks.

TRIKK

Süüakse tavaliselt lisandina, aga ka pearoana, millele seltsiks kergelt küpsetatud mozzarella.

TÄIDISTUD SIBULAT

KOOSTISOSAD

125 g hakkliha
125 g peekonit
2 supilusikatäit tomatikastet
2 spl riivsaia
4 suurt sibulat
1 muna
Oliiviõli
Sool ja pipar

TÖÖTLEMINE

Pruunista tükeldatud peekonit ja soolatud hakkliha, kuni see kaotab oma roosa värvi. Lisa tomat ja küpseta veel 1 minut.

Sega liha muna ja riivsaiaga.

Eemalda esimene kiht sibulaid ja nende põhjad. Keeda kaetult vees 15 min. Kuivatage, eemaldage keskosa ja täitke lihaga. Küpseta 15 minutit 175 kraadi juures.

TRIKK

Mornay kastme saate valmistada, kui asendada pool piimast sibula keeduveega. Kaste peale ja gratiin.

SEENEKREEM PÄHKLITEGA

KOOSTISOSAD

1 **kg segaseeni**
250 **ml koort**
125 **ml brändit**
2 **küüslauguküünt**
Pähklid
Oliiviõli
Sool ja pipar

TÖÖTLEMINE

Pruunista kastrulis viilutatud küüslauk. Tõsta kuumust ja lisa puhastatud ja viilutatud seened. Pruunista 3 minutit.

Kasta brändiga märjaks ja jäta vähemaks. Vala juurde koor ja keeda aeglaselt veel 5 minutit. Purusta uhmris peotäis kreeka pähkleid ja vala need peale.

TRIKK

Hea võimalus on kultiveeritud seened ja isegi kuivatatud seened.

TOMATI-BASILIKUKOOK

KOOSTISOSAD

½ l koort

8 supilusikatäit tomatipüreed (vt jaotist Puljongid ja kastmed)

4 muna

8 värsket basiilikulehte

Jahu

Oliiviõli

Sool ja pipar

TÖÖTLEMINE

Segage kõik koostisosad, kuni saate ühtlase pasta.

Kuumuta ahi 170°C-ni. Vala eraldi vormidesse, eelnevalt jahuga ülepuistatud ja määritud ning küpseta 20 minutit.

TRIKK

Suurepärane võimalus on kasutada teisest retseptist järelejäänud tomatikastet.

KARTULIHAUTUS KARRIKANAGA

KOOSTISOSAD

1 kg kartuleid

½ l kanapuljongit

2 kanarinda

1 spl karrit

2 küüslauguküünt

2 tomatit

1 sibul

1 loorberileht

Oliiviõli

Sool ja pipar

TÖÖTLEMINE

Lõika rinnatükk keskmisteks kuubikuteks. Maitsesta soola ja pipraga ning pruunista kuumas õlis. Võtke välja ja reserveerige.

Pruunista samas õlis tükeldatud sibulat ja küüslauku tasasel tulel 10 minutit. Lisa karri ja prae veel minut aega. Lisa riivitud kirsstomatid, tõsta kuumust ja küpseta, kuni tomat kaotab kogu vee.

Koori ja koori kartulid. Lisa need kastmele ja küpseta 3 minutit. Vala sisse puljong ja loorberileht. Keeda tasasel tulel, kuni kartul on küps ning maitsesta soola ja pipraga.

TRIKK

Eemalda veidi puljongit ja paar kartulit ning püreesta kahvliga püreeks. Tõsta see tagasi hautisele ja keeda pidevalt segades 1 minut. See muudab puljongi paksemaks, ilma et oleks vaja jahu.

KÕVAKSKEEDETUD MUNAD

KOOSTISOSAD
8 **muna**
Röstitud leib
Sool ja pipar

TÖÖTLEMINE
Aseta munad külma vee ja soolaga kaetud kastrulisse. Keeda, kuni vesi kergelt keeb. Jäta 3 minutiks tulele.

Eemaldage muna ja jahutage see vees ja jääs. Murra ülemine kest ettevaatlikult, nagu oleks see müts. Maitsesta soola ja pipraga ning lisa röstitud saiapulgad.

TRIKK
Esimese minuti jooksul on oluline, et muna liiguks nii, et munakollane oleks keskel.

MATERJAL KARTUL

KOOSTISOSAD
1 kg kartuleid
¾ l kalapuljongit
1 väike klaas valget veini
1 spl jahu
2 küüslauguküünt
1 sibul
Jahu ja munad (katmiseks)
Petersell
Oliiviõli

TÖÖTLEMINE
Koori ja lõika kartulid mitte väga paksudeks viiludeks. Jahu ja kasta munasse. Prae ja tõsta kõrvale.

Pruunista eraldi sibul ja hakitud küüslauk. Lisa ja pruunista lusikatäis jahu ning vala juurde vein. Laske sellel väheneda, kuni see on peaaegu kuiv, ja niisutage see koomiksiga. Keeda 15 minutit madalal kuumusel. Maitsesta soolaga ja lisa petersell.

Lisa kartulid kastmele ja keeda pehmeks.

TRIKK
Võid lisada paar tükki merikuradi või merluusi ja krevette.

PEHMED MUNAD PURKSIGA

KOOSTISOSAD

8 **muna**

150 g **kuivatatud puravikke**

50 g **või̇d**

50 g **jahu**

1 dl **magusat veini**

2 **küüslauguküünt**

Muskaatpähkel

Äädikas

Õli

Sool ja pipar

TÖÖTLEMINE

Niisutage puravikke umbes 1 tund 1 liitris kuumas vees. Vahepeal keeda mune soola ja äädikaga keevas vees 5 minutit. Eemaldage ja värskendage kohe jäävees. Koorige hoolikalt.

Filtreerige puravikud ja reserveerige vesi. Lõika küüslauk viiludeks ja pruunista kergelt õlis. Lisa puravikud ja küpseta kõrgel kuumusel 2 minutit. Maitsesta soola, pipraga ja vala juurde magusat veini, kuni see väheneb ja kaste jääb kuivaks.

Sulata potis või koos jahuga. Pruunista madalal kuumusel 5 minutit segamist katkestamata. Valage vesi, et puravikud niisutada. Keeda 15 minutit madalal kuumusel, pidevalt segades. Maitsesta soola ja pipraga ning lisa muskaatpähkel.

Serveeri nii, et aseta põhjale puravikud, seejärel munad ja maitsesta pealt kastmega.

TRIKK

Pehme muna tuleks jätta koos kalgendatud munavalge ja vedela munakollasega.

ŠOKOLAADI JÄNES Röstitud mandlitega

KOOSTISOSAD

1 küülik

60 g riivitud tumedat šokolaadi

1 klaas punast veini

1 oksake tüümiani

1 oksake rosmariini

1 loorberileht

2 porgandit

2 küüslauguküünt

1 sibul

Kana puljong (või vesi)

Röstitud mandlid

Ekstra neitsioliiviõli

Sool ja pipar

TÖÖTLEMINE

Haki, maitsesta ja pruunista küülik kuumal pannil. Eemalda ja reserveeri.

Pruunista samas õlis tasasel tulel sibul, porgand ja hakitud küüslauguküüned.

Lisa loorberileht, tüümian ja rosmariinioksad. Vala juurde vein ja puljong ning keeda tasasel tulel 40 minutit. Maitsesta soolaga ja eemalda küülik.

Lase kaste läbi blenderi ja tõsta potti tagasi. Lisa küülik ja šokolaad ning sega kuni sulamiseni. Küpseta veel 5 minutit, et maitsed seguneksid.

TRIKK

Viimistle röstitud mandlitega. Kui lisate Cayenne'i pipart või tšillipipart, annab see vürtsika maitse.

PEENÜRTID KASVATATUD LAMB CRIADILLAS

KOOSTISOSAD

12 ühikut lamba criadillasid

1 tl värsket rosmariini

1 tl värsket tüümiani

1 tl värsket peterselli

Jahu, munad ja riivsai (paneerimiseks)

Oliiviõli

Sool ja pipar

TÖÖTLEMINE

Puhastage criadillad, eemaldades kaks neid ümbritsevat membraani. Pese neid hästi vee ja vähese äädika abil, seejärel nõruta ja kuivata.

Tükelda ja maitsesta kriadillad. Sega veidi riivsaia peeneks hakitud värskete ürtidega. Kasta need jahusse, munasse ja riivsaiasse ning prae rohkes kuumas õlis.

TRIKK

Lõbusama ja loomingulisema taina saad teha, kui asendad riivsaia purustatud küpsistega.

MILANO SKALOOPID

KOOSTISOSAD

4 veiseliha pihvi

150 g riivsaia

100 g parmesani

2 muna

Jahu

Oliiviõli

Sool ja pipar

TÖÖTLEMINE

Maitsesta ja jahuga fileed, kasta lahtiklopitud muna ning saia ja riivitud parmesani segusse.

Suru korralikult, et riivsai hästi kinni jääks ja prae rohkes kuumas õlis.

TRIKK

Ideaalne lisand selle roa juurde on spagetid tomatikastmega.

AEDA LIHAHAUTUS

KOOSTISOSAD

1 kg musta pudingut

100 g seeni

1 klaas punast veini

3 spl praetud tomatit

1 oksake tüümiani

1 oksake rosmariini

1 loorberileht

2 porgandit

1 sibul

2 nelki

1 väike purk herneid

Lihapuljong (või vesi)

Oliiviõli

Sool ja pipar

TÖÖTLEMINE

Tükelda, maitsesta ja pruunista liha kõrgel kuumusel. Võtke välja ja reserveerige.

Prae samas õlis tükeldatud sibul ja porgand. Lisa uuesti liha ja vala juurde punane vein. Lase vajuda ja lisa praetud tomat, loorberileht, nelk ning tüümiani- ja rosmariinioksad.

Kata puljongiga ja hauta, kuni liha on pehme. Vahetult enne keetmise lõppu lisage herned ja neljaks lõigatud praetud seened.

TRIKK

Küpsetamise ajal kaneelipulga lisamine annab hautisele üllatava pöörde.

FLAMENKIINI

KOOSTISOSAD

8 singi või sea seljatükki

8 viilu serrano sinki

8 viilu juustu

Jahu, munad ja riivsai (paneerimiseks)

Oliiviõli

Sool ja pipar

TÖÖTLEMINE

Maitsesta ja suurenda fileed. Täida singiviil ja teine juust ning keera kokku.

Kasta need jahusse, lahtiklopitud munasse ja riivsaiasse ning prae rohkes kuumas õlis.

TRIKK

Lõbusama maitse andmiseks võid riivsaia asendada hakitud teravilja või kikodega.

FRICANDO VASIKALIHA

KOOSTISOSAD

1 kg veisefileed

300 g seeni

250 cl lihapuljongit

125 cl grappat

3 tomatit

1 sibul

1 hunnik aromaatseid ürte (tüümiani, rosmariini, loorberilehti...)

1 porgand

Jahu

Oliiviõli

Sool ja pipar

TÖÖTLEMINE

Maitsesta ja jahu liha. Pruunista see tilgakeses õlis keskmisel kuumusel ja eemalda.

Prae tükkideks lõigatud porgand ja sibul samas õlis, milles fileed tehti. Kui need on pehmed, lisa riivitud kirsstomatid. Pruunista hästi, kuni tomat on kogu vee kaotanud.

Tõsta kuumust ja lisa seened. Keeda 2 minutit ja lisa seejärel brändi. Laske aurustuda ja lisage uuesti kammkarbid.

Kata puljongiga ja lisa aromaatsed ürdid. Maitsesta soolaga ja küpseta madalal kuumusel 30 minutit või kuni liha on pehme. Lase kaane all veel 30 minutit puhata.

TRIKK

Kui seenehooaeg pole, võite kasutada kuivatatud seeneid. Maitse on uskumatu.

PUDU CHORIZO JA VORSTIGA

KOOSTISOSAD

10 värsket vorsti

2 vorsti

4 kuhjaga supilusikatäit kõva nisujahu

1 supilusikatäis paprikat

1 seamaks

1 küüslaugu pea

2 dl oliiviõli

soola

TÖÖTLEMINE

Lõika chorizo ja vorstid väikesteks tükkideks. Prae keskmisel kuumusel õliga. Eemalda ja reserveeri.

Pruunista samas õlis kuubikuteks lõigatud maks ja pool küüslaugust. Eemalda ja purusta uhmris. Reserv.

Prae samas õlis ka ülejäänud viilutatud küüslauk, lisa paprika ja veidi jahu.

Segage ilma peatumata, kuni jahu pole enam toores. Lisa 7 dl vett ja keeda segades. Lisa uhmr ja nuia, vorstid ja chorizod. Maitsesta soolaga ja sega läbi.

TRIKK

Heaks lisandiks on mõni grillitud noor küüslauk.

LAKON KAALIKATEGA

KOOSTISOSAD

1 ½ kg värsket sealiha

1 suur hunnik naeris

3 vorsti

2 suurt kartulit

1 keskmine sibul

Paprika (magus või vürtsikas)

Oliiviõli

soola

TÖÖTLEMINE

Küpseta sea abatükki umbes 2 tundi rohke soolaga maitsestatud vee ja sibulaga.

Kui küpsetamiseni on jäänud 30 minutit, lisa chorizod ja paksud cachelada kartulid (rebitud, mitte tükeldatud).

Eraldi keetke naeris 10 minutit keevas vees. Kurnata ja varuda.

Tõsta sea abatükk, chorizod, kartulid ja kaalikas ning puista peale magusat või vürtsikat paprikat.

TRIKK

Naeris on soovitav eraldi keeta, sest keeduvesi on mõru.

VASIKAMAKS PUNAVEINI KASTSES

KOOSTISOSAD

750 g veisemaksafileed

100 g jahu

75 g võid

1 l lihapuljongit

400 ml punast veini

2 suurt sibulat

Oliiviõli

Sool ja pipar

TÖÖTLEMINE

Keeda veini, kuni selle maht väheneb poole võrra.

Vahepeal pane kastrulisse 1 spl võid ja teine jahu. Prae madalal kuumusel, kuni jahu on kergelt röstitud. Vala segades juurde vein ja puljong. Küpseta 15 minutit ning maitsesta soola ja pipraga.

Maitsesta ja jahu maksa. Pruunista neid väheses õlis mõlemalt poolt. Eemalda ja reserveeri.

Prae samas õlis madalal kuumusel peeneks hakitud sibulat 25 minutit. Lisa maks ja kaste. Kuumuta (ära keeda) ja serveeri kuumalt.

TRIKK

Punase veini võid asendada valgega, lambrusco, cava, magusa vms.

JÄNES HAUTUSES

KOOSTISOSAD

1 jänes

1 l lihapuljongit

½ liitrit punast veini

1 oksake rosmariini

1 oksake tüümiani

4 küüslauguküünt

2 tomatit

1 suur sibul

1 porgand

1 porrulauk

Oliiviõli

Sool ja pipar

TÖÖTLEMINE

Haki, maitsesta ja pruunista jänes. Eemalda ja reserveeri.

Lõika küüslauk, sibul, porgand ja porru väikesteks tükkideks ning pruunista neid 20 minutit samas õlis, milles jänes valmistati.

Lisa riivitud kirsstomatid ja küpseta, kuni need kaotavad kogu vee. Pange jänes tagasi.

Vala juurde vein ja puljong, lisa aromaatsed ürdid ning keeda tasasel tulel umbes 1 tund, kuni jänes on pehme.

TRIKK

Tükkideks lõigatud jänest võib marineerida 24 tundi veinis ja puljongis koos hakitud ürtide ja köögiviljadega. Järgmisel päeval nõrutage jänes, säilitades vedelikud ja köögiviljad, ning küpsetage see eelmiste sammude järgi.

SEALÜÜK VIRKUGA

KOOSTISOSAD

1 kg terve seafilee

1 klaas lihapuljongit

1 kott kuivatatud sibulasuppi

1 purk virsikuid siirupis

Oliiviõli

Sool ja pipar

TÖÖTLEMINE

Maitsesta liha soola ja pipraga ning pruunista pannil igast küljest.

Lisa siirupis virsik ja puljong. Keeda väga madalal kuumusel 1 tund, kuni virsik on peaaegu karamelliseerunud. Seejärel lisa pakk sibulasuppi ja küpseta veel 5 minutit.

Eemalda seljatükk ja blenderda kaste. Jaotage seljatükk ja kaste.

TRIKK

Sama võid teha siirupis ananassiga ja ka seafileega, kuid küpsetusaeg poole võrra.

ENTOMATO MAGRO

KOOSTISOSAD

1 kg lahja sealiha

1800 g purk tomati viljaliha

1 oksake värsket tüümiani

1 suur sibul

2 küüslauguküünt

Brändi

Suhkur

Oliiviõli

Sool ja pipar

TÖÖTLEMINE

Maitsesta ja pruunista tailiha kõrgel kuumusel. Eemaldage liha ja reserveerige.

Prae samas õlis brunoise'ks lõigatud sibul ja küüslauk. Lisa uuesti lahja ja kata pritsiga brändit.

Lase 2 minutit haududa, lisa tomatikonserv, tüümianioksake ja keeda tasasel tulel, kuni liha on pehme.

Maitsesta soola ja suhkruga ning küpseta veel 5 minutit.

TRIKK

Võid ka mõned head seened praadida ja hautisele lisada.

SEAPÜKSID HAUTUSES

KOOSTISOSAD

4 sealiha traavlit

100 g Serrano sinki

1 klaas valget veini

1 väike teelusikatäis jahu

1 supilusikatäis paprikat

4 küüslauguküünt

2 tomatit

2 sibulat

1 loorberileht

1 porgand

1 cayenne'i pipar

Oliiviõli

Sool ja 10 pipratera

TÖÖTLEMINE

Keeda traavleid külmas vees 1 minut alates hetkest, kui need keema hakkavad. Vahetage vesi ja korrake toimingut 3 korda. Seejärel küpseta neid 1 sibula, porgandi, 2 küüslauguküüne, loorberilehe, pipratera ja soolaga 2 ja pool tundi, kuni liha tuleb luu küljest kergesti lahti. Reserveerige puljong.

Haki peeneks teine sibul ja ülejäänud küüslauk. Pruunista umbes 10 minutit koos kuubikuteks lõigatud singi ja cayenne'i pipraga. Lisa jahu ja paprika. Pruunista 10 sekundit ja lisa riivitud kirsstomatid. Küpseta, kuni kogu vesi on kadunud. Vala juurde vein ja keeda kõrgel kuumusel, kuni see on vähenenud ja kaste on peaaegu kuiv. Eemaldada. Niisutage 200 ml puljongiga, millest traavlid keedeti, ja jätkake segamist, et see ei kleepuks. Keeda tasasel tulel 10 minutit ja maitsesta soolaga. Eemalda traavlid luudest, pane kastmesse ja küpseta veel 2 minutit.

TRIKK

Väikesed käed võivad olla täidetud kõigega, mida soovite. Tuleb need vaid toidukilesse kokku keerata ja jahtuda lasta. Siis tuleb need vaid paksudeks viiludeks lõigata, jahustada, praadida ja kastmes läbi küpsetada.

PURU

KOOSTISOSAD

1 päts vananenud leiba

200 g chorizot

200 g sinki

4 Itaalia rohelist paprikat

1 küüslaugu pea

TÖÖTLEMINE

Lõika päts kuubikuteks ja niisutage seda veega (see ei tohiks olla läbimärg).

Prae purustatud küüslauk suurel pannil koores läbi ja tõsta kõrvale. Tükelda chorizo ja sink ning prae ka need samal pannil. Eemalda ja reserveeri.

Pruunista leiba madalal kuumusel 30 minutit samas õlis, milles valmistati chorizo. Sega, kuni leib on murenev, kuid mitte kuiv. Lisa ülejäänud ained ja sega uuesti läbi, nii et puru seguneks chorizo ja singiga.

TRIKK

Migasi kõrvale võib lisada sardiinid, viinamarjad, praemunad jne.

TÄIDISTUD SEALÜLE

KOOSTISOSAD

800g avatud seafilee

200 g serrano singi viile

175 g viilutatud peekonit

90 g erinevaid pähkleid

75 g seapekki

750 ml lihapuljongit

150 ml valget veini

1 kuhjaga supilusikatäis maisitärklist

4 muna

Sool ja pipar

TÖÖTLEMINE

Maitsesta ja värvi seljatükk lahtiklopitud munaga. Täida singiviilud, peekon, kreeka pähklid ja 3 neljaks lõigatud kõvaks keedetud muna.

Sulgege lihavõrguga ja määrige searasvaga. Pruunista kuumal pannil igast küljest. Tõsta küpsetusplaadile ja rösti 180ºC juures 30 minutit. Kasta iga 5 minuti järel puljongiga.

Laske lihal 5 minutit väljaspool panni puhata.

Tõsta kaste pannilt tagasi, lisa vein ja kuumuta kõik uuesti potis. Kuumuta keemiseni ja lisa väheses külmas vees lahjendatud maisitärklis. Reguleerige soola ja pipart.

Fileeri seljatükk ja kaste.

TRIKK

Liha puhkamine on hädavajalik, sest see aitab mitte kaotada mahla ja ühtlustada maitseid.

VASIKALIHA CARBONARA

KOOSTISOSAD

8 veiseliha pihvi

500 g sibulat

100 g võid

½ l lihapuljongit

1 pudel õlut

1 loorberileht

1 oksake tüümiani

1 oksake rosmariini

Jahu

Oliiviõli

Sool ja pipar

TÖÖTLEMINE

Maitsesta ja jahuga fileed. Pruunista neid kergelt võis mõlemalt poolt. Eemalda ja reserveeri.

Prae selles võis peeneks hakitud sibul. Kata pann kaanega ja küpseta madalal kuumusel 30 minutit.

Lisa filee ja õlu. Hauta keskmisel kuumusel, kuni kaste on peaaegu kuiv.

Vala lihapuljong ja lisa aromaatsed ürdid. Keeda tasasel tulel, kuni liha on pehme. Maitsesta soolaga ja lase kaanega kaetud pannil 20 minutit tulelt maha puhata.

TRIKK

Kui liha on üle küpsetatud, on see sitke ja seda tuleb kauem küpsetada, kuni see uuesti pehmeneb. Parim on kontrollida selle kõvadust iga 5–10 minuti järel.

LAMBAKIIS PORCINIGA

KOOSTISOSAD

500 g lambalihaseid

250 g puravikke

1 klaas šerriveini

1 murulauk

1 küüslauguküünt

Petersell

Oliiviõli

Sool ja pipar

TÖÖTLEMINE

Värskenda kõri rohkes külmas vees vähemalt 2 tundi, vahetades vett 2 või 3 korda. Seejärel küpseta need külma veega kaetud potis. Laske toimida 10 sekundit alates esimesest keemisest, eemaldage ja jahutage. Eemalda kogu nahk ja rasv ning filee.

Prae kuumal pannil hakitud sibul ja küüslauk. Tõsta kuumust ja lisa soolatud maiuspalad. Pruunista 2 minutit ning lisa puhastatud ja fileeritud puravikud. Keeda 2 minutit ja lase veiniga üle. Laske tasasel tulel umbes 20 minutit haududa.

TRIKK

Selle roa edu seisneb kannatlikkuses kõri puhastamisel. Vastasel juhul muutuvad nad kibedaks ja maitsevad halvasti.

VASIKALIHA OSSOBUCO ORANŽIGA

KOOSTISOSAD

8 ossobuccot

1 l lihapuljongit

1 klaas valget veini

2 supilusikatäit veiniäädikat

1 sibul

1 hunnik aromaatseid ürte (tüümiani, rosmariini, loorberilehti...)

2 porgandit

2 nelki

½ riivitud apelsini

2 apelsini mahl

½ sidruni mahl

1 spl suhkrut

Või

Oliiviõli

Sool ja pipar

TÖÖTLEMINE

Sega kausis julienne'i ribadeks lõigatud sibul, väikesteks tükkideks lõigatud porgand, kaste, nelk, aromaatsed ürdid ja valge vein.

Maitsesta ossobuco soola ja pipraga ning lase neil selles segus 12 tundi marineerida. Nõruta ja reserveeri vedelik.

Kuivatage liha ja pruunistage kastrulis väga kõrgel kuumusel.

Eraldi pruunistage marineeritud köögiviljad õlis ja lisage ossobuco. Hauta pehmeks. Lisa reserveeritud vedelik ja keeda kõrgel kuumusel 5 minutit. Vala sisse lihapuljong. Kata kaanega ja küpseta umbes 3 tundi, kuni luu tuleb kergesti lahti.

Vahepeal valmista suhkru ja äädikaga karamell. Vala see kastmega üle. Lisa veidi võid ja apelsinikoort. Keeda liha paar minutit.

TRIKK

Oluline on, et pann, kus osso buco pruunistatakse, oleks väga kuum, et liha oleks palju mahlasem.

VORSTID VEINIS

KOOSTISOSAD

20 värsket vorsti

2 sibulat lõigatud julienne ribadeks

½ l valget veini

1 spl jahu

2 loorberilehte

Oliiviõli

Sool ja pipar

TÖÖTLEMINE

Pruunista vorstid kõrgel kuumusel. Võtke välja ja reserveerige.

Lõika sibulad julienne'i ribadeks ja prae neid madalal kuumusel 40 minutit vorstidega samas õlis. Lisa jahu ja hauta 5 minutit. Lisa uuesti vorstid, vala juurde vein ja lisa loorberilehed.

Küpseta 20 minutit, kuni kogu alkohol on aurustunud ning maitsesta soola ja pipraga.

TRIKK

Suurepärase versiooni saate teha, kui lisate valge veini asemel Lambruscot.

INGLISE LIHAPIRK

KOOSTISOSAD

800 g hakkliha

800 g kartulit

2 klaasi punast veini

1 klaas kanapuljongit

4 munakollast

4 küüslauguküünt

2 keskküpset tomatit

2 sibulat

4 porgandit

Parmesan

tüümian

Origan

Oliiviõli

Sool ja pipar

TÖÖTLEMINE

Koori, tükelda ja küpseta kartulid. Reserv. Riivi küüslauk, sibul ja porgand.

Maitsesta ja pruunista liha. Seejärel lisage köögiviljad ja küpseta need hästi. Lisa riivitud kirsstomatid ja pruunista. Vala juurde vein ja lase taheneda. Vala puljong ja oota, kuni kaste on peaaegu kuivanud. Lisa tüümian ja pune.

Aja kartulid läbi toiduveski, maitsesta soola ja pipraga ning lisa peeneks riivitud parmesan ja 4 munakollast.

Tõsta liha tihedalt vormi ning aseta peale püree ja jämedalt riivitud parmesan. Küpseta 175ºC juures 20 minutit.

TRIKK

Selle kõrvale võib lisada hea tomatikastme või isegi grillkastme.

JOODETUD VEISELIHA RING

KOOSTISOSAD

1 ring veiseliha

250 ml lihapuljongit

250 ml valget veini

1 oksake tüümiani

1 oksake rosmariini

3 küüslauguküünt

2 porgandit

2 sibulat

1 riivitud tomat

Oliiviõli

Sool ja pipar

TÖÖTLEMINE

Maitsesta vorm soola ja pipraga, aseta lihavõrku ja pruunista väga kuumas potis. Eemalda ja reserveeri.

Pruunista samas õlis tükeldatud köögiviljad. Kui see on pehme, lisage riivitud tomat ja küpseta, kuni see kaotab kogu vee.

Valage veini ja laske sellel vähendada ¼ mahust. Pange liha tagasi ja niisutage seda puljongiga. Lisa aromaatsed ürdid.

Katke ja küpseta 90 minutit või kuni liha on pehme. Keera poole küpsetamise ajal. Eemaldage liha ja segage kaste. Filtreerige ja maitsestage soolaga.

Fileeri liha ja serveeri kastmega maitsestatud ümarfilee.

TRIKK

Seda saab valmistada ka ahjus 180ºC juures, keerates poole röstimise ajal.

RENI JEREZIS

KOOSTISOSAD

¾ kg sealiha neerud

150 ml šerrit

1 klaas äädikat

1 supilusikatäis paprikat

1 tase supilusikatäis jahu

2 küüslauguküünt

1 sibul

4 supilusikatäit oliiviõli

Sool ja pipar

TÖÖTLEMINE

Leota puhastatud ja tükeldatud neere 3 tundi jäävees ja 1 tassis äädikas. Keeda pannil vesi ja aseta kaas tagurpidi. Asetage peale neerud ja hoidke 10 minutit tulel, kuni need kaotavad vedelikud ja lisandid. Selle aja möödudes peske rohke külma veega.

Haki sibul ja küüslauk peeneks. Prae neid õlis madalal temperatuuril 10 minutit. Tõsta kuumust ja lisa neerud, sool ja pipar kuldseks.

Alanda kuumust ning lisa jahu ja paprika. Prae 1 minut ning lisa šerri ja 1 dl vett. Küpseta, kuni kogu alkohol on aurustunud. Maitsesta soolaga.

TRIKK

Selles retseptis on oluline neerude põhjalik puhastamine.

MILANESASI OSSOBUCO

KOOSTISOSAD

6 ossobuccot

250 g porgandit

250 g sibulat

¼ l punast veini

1 oksake tüümiani

½ pea küüslauku

1 loorberileht

1 suur küps tomat

liha taust

Oliiviõli

Sool ja pipar

TÖÖTLEMINE

Maitsesta ossobuco soola ja pipraga ning pruunista neid mõlemalt poolt. Eemalda ja reserveeri.

Prae samas õlis porgand, sibul ja hakitud küüslauk. Soola ja lisa riivitud tomat. Prae kõrgel kuumusel, kuni kogu vesi on kadunud.

Lisa uuesti ossobuco, vala juurde vein ja keeda 3 minutit. Niisuta põhjaga, kuni liha on kaetud. Lisa vürtsid ja küpseta, kuni liha luust eraldub. Maitsesta soolaga.

TRIKK

Võimaluse korral marineeri kõik köögiviljad eelmisel õhtul koos liha, veini ja aromaatsete ürtidega. Maitse intensiivsus on suurem.

IBERIA SALADUS ISETEHTUD CHIMICHURRI KASTEGA

KOOSTISOSAD

4 Pürenee saladust

2 supilusikatäit äädikat

1 tl värsket peterselli

1 tl paprikat

1 tl jahvatatud köömneid

3 värsket basiilikulehte

3 küüslauguküünt

½ väikese sidruni mahl

200 ml oliiviõli

soola

TÖÖTLEMINE

Blenderda kooritud küüslauk, petersell, basiilik, paprika, äädikas, köömned, sidrunimahl, õli ja maitsesta soolaga.

Pruunista saladusi kuumal pannil 1 minut mõlemalt poolt. Serveeri kohe ja kaunista kastmega.

TRIKK

Koostisosade jahvatamine uhmris annab rohkem terveid tükke.

VASIKALIHA TUUN

KOOSTISOSAD

1 kg ümarat veiseliha

250 g majoneesi

120 g tuunikala konservi, nõrutatud

100 ml kuiva valget veini

1 oksake peterselli

1 tl sidrunimahla

1 oksake sellerit

1 loorberileht

15 kapparit

8 anšoovist

1 sibul

1 porrulauk

1 porgand

soola

TÖÖTLEMINE

Pane 1 ½ liitrit vett tulele, lisa kooritud ja keskmisteks tükkideks lõigatud köögiviljad, sool ja vein. Lisa liha ja küpseta madalal kuumusel 75 minutit. Lase vees jahtuda, nõruta ja hoia kaetult külmkapis. Seejärel lõigake see väga õhukesteks viiludeks.

Vahepeal valmista kaste, kombineerides majoneesi, tuunikala, kapparid, anšoovised ja sidruni. Sega läbi ja vala lihale. Lase kaetult veel tund aega külmikus seista.

TRIKK

Seda saab teha ka 90 minutit ahjus röstides.

HÄRGSABA

KOOSTISOSAD

2 härjasaba

2 l lihapuljongit

1 l punast veini

3 supilusikatäit tomatikastet

1 oksake tüümiani

1 oksake rosmariini

8 porgandit

4 sellerivart

2 keskmist itaalia paprikat

2 keskmist sibulat

Oliiviõli

Sool ja pipar

TÖÖTLEMINE

Lõika porgand, paprika, sibul ja seller väikesteks tükkideks ning aseta köögiviljad koos härjasabaga kastrulisse. Kata veiniga ja lase 24 tundi leotada. Filtreerige köögiviljad ja saba ning reserveerige vein.

Maitsesta ja pruunista saba. Võta välja. Pruunista köögiviljad samas õlis vähese soolaga.

Lisa tomatikaste, lisa vein ja vähenda kõrgel kuumusel poole võrra. Lisa härjasaba, puljong ja aromaatsed ürdid. Küpseta madalal kuumusel, kuni liha tuleb kergesti luu küljest lahti. Maitsesta soolaga.

TRIKK

Kui lisate kastmele näpuotsa võid ja klopite läbi, saate väga läikiva segu, mida kasutatakse igasuguse liha maitsestamiseks.

BROWNIE

KOOSTISOSAD

150 g couverture šokolaadi

150 gr) Suhkur

100 g võid

70 g jahu

50 g sarapuupähkleid

1 tl pärmi

2 muna

soola

TÖÖTLEMINE

Sulata šokolaad koos võiga ettevaatlikult mikrolaineahjus. Vahusta munad eraldi suhkruga 3 minutit.

Kombineerige need ühendid ja lisage sõelutud jahu, näputäis soola ja pärm. Sega uuesti. Lõpuks lisa sarapuupähklid.

Kuumuta ahi 180ºC-ni. Vala segu eelnevalt määritud ja jahuga ülepuistatud vormi ning küpseta ahjus 15 minutit.

TRIKK

Kui sarapuupähklid on segatud, lisa ka mõned pooleks lõigatud kommipilved. Üllatus on lõbus.

SIDRUNI SORBET MÜNDIGA

KOOSTISOSAD

225 g suhkrut

½ l sidrunimahla

1 sidruni koor

3 munavalget

8 piparmündi lehte

TÖÖTLEMINE

Kuumuta ½ l vett ja suhkrut tasasel tulel 10 minutit. Lisa peeneks julienne'i ribadeks lõigatud piparmündilehed, sidrunikoor ja -mahl. Laske jahtuda ja hoidke sügavkülmas (ei tohiks täielikult külmuda).

Vahusta munavalged tugevaks vahuks ja lisa sidrunisegule. Külmuta uuesti ja serveeri.

TRIKK

Kui munavalgeid vahustades lisada näpuotsaga soola, on need stabiilsemad ja tugevamad.

ASTUURIA RIISIPUDDING

KOOSTISOSAD

100 g riisi

100 g suhkrut

100 g võid

1 liiter piima

2 munakollast

1 kaneelipulk

1 sidruni koor

1 apelsini koor

TÖÖTLEMINE

Keeda piim väga madalal kuumusel koos tsitruseliste koore ja kaneeliga. Kui see hakkab keema, lisa riis ja sega aeg-ajalt.

Kui riis on peaaegu pehme, lisa suhkur ja või. Küpseta veel 5-10 minutit.

Lisa tulelt maha munakollased ja sega ühtlaseks massiks.

TRIKK

Veelgi üllatavama tulemuse saamiseks lisa küpsetamise ajal 1 loorberileht.

KODUNE RICOTTA MEE JA PÄHKLEGA

KOOSTISOSAD

1 liiter lambapiima

4 supilusikatäit mett

12 tilka apteegi laabi

Pähklid

TÖÖTLEMINE

Keeda piim kastrulis. Eemaldage esimesel keetmisel. Laske puhata, kuni see jõuab toatemperatuurini (umbes 28ºC).

Lisage laap piimale segamist katkestamata. Asetage kohe eraldi anumatesse ja laske külmkapis jahtuda.

Serveeri mee ja kreeka pähklitega.

TRIKK

Erilise maitse andmiseks lisage piima küpsemise ajal 1 rosmariinioksake.

KOHVIBISKVIIT

KOOSTISOSAD

175 g suhkrut

½ l vahukoort

4 dl kohvi (lahustuv või perkolaator)

8 munakollast

TÖÖTLEMINE

Vahusta mune kausis suhkru ja kohviga 5 minutit.

Vahusta koor ja lisa see kohvisegule. Seejärel külmuta vähemalt 3 tundi.

TRIKK

Seda saab valmistada teiste maitsetega nagu šokolaad, horchata jne.

AMEERIKA ÕUNAKOOK

KOOSTISOSAD

300 g jahu

100 g suhkrut

80 g võid

2 Granny Smithi õuna

2 krabi õuna

1 muna

Kaneel

TÖÖTLEMINE

Koori ja lõika õunad õhukesteks viiludeks. Pane need kaussi koos maitse järgi suhkru ja kaneeliga.

Sega või jahuga, kuni saad liivase konsistentsi. Lisa sellele segule veidi külma vett ja sõtku 10 minutit, kuni see enam käte külge ei jää.

Rulli tainas taignarulliga lahti ja aseta pool sellest vooderdatud ja eelnevalt jahuga ülepuistatud vormi. Aseta õunaviilud sisse ja kata teise taignapoolega. Tihendage, nagu oleksid need gnocchi.

Pintselda munaga ja tee koogi keskele paar sisselõiget, et aur välja pääseks. Küpseta 170 kraadises ahjus, kuni pealispind on ilusti kuldne.

TRIKK

Täidisele võite lisada rosinaid ja vürtse, nagu ingveripulbrit, jahvatatud nelki jne.

SOLETILLA KOOK

KOOSTISOSAD

200 g suhkrut

200 g jahu

8 muna

TÖÖTLEMINE

Vahusta munavalged ühelt poolt 100 g suhkruga tugevaks vahuks.

Selle asemel vahusta munakollased ülejäänud suhkruga, kuni need kahekordistuvad ja on valkjad.

Seejärel ühendage need kaks segu ümbritsevate liigutustega ja lisage vähehaaval sõelutud jahu.

Jaota tainas ühtlaselt küpsetuspaberiga kaetud ahjuplaadile ja küpseta 180ºC juures 10 minutit. Lase puhata ja jahtuda.

TRIKK

See on ideaalne alus lugematutele magustoitudele: mustlasvars, koogid, semifreddos jne.

PROFITEROOLID

KOOSTISOSAD

150 g jahu

100 g võid

5 muna (sh 1 profitroolide värvimiseks)

125 ml piima

1 tl suhkrut

1 tl soola

TÖÖTLEMINE

Kuumuta piim koos 125 ml vee, või, soola ja suhkruga keemiseni. Kui see keeb, lisa jahu korraga. Kui kuumus on välja lülitatud, segage 30 sekundit. Pane uuesti tulele ja sega veel 1 minut, kuni segu ei kleepu enam anuma seinte külge.

Vala tainas kaussi ja lisa ükshaaval 4 muna (ärge pane järgmist enne, kui eelmine on tainasse hästi segunenud).

Vormi lusikaga küpsetuspaberiga kaetud ahjuplaadile väikesed künkad (jäta iga profiterooli vahele umbes 3 cm ruumi). Värvige igaüks ülejäänud munaga.

Küpseta 200°C ahjus umbes 20 minutit või kuni kuldpruunini.

TRIKK

Neid saab täita koorega ja kaunistada šokolaadikastmega.

ÕUNA TART TATIN

KOOSTISOSAD

1 ja pool kg renache õunu

180 g suhkrut

1 leht lehttainast

1 sidrun

TÖÖTLEMINE

Valmista karamell anumas 170 ºC ahjus suhkru, tilga vee ja mõne tilga sidruniga. Eemaldage see, kui see on veidi värvi saanud. Mitte segada.

Vahepeal koori õunad, eemalda südamik ja lõika õhukesteks viiludeks või neljandikku. Aseta lehed kommidele lehvikukujuliselt, jätmata vahesid.

Aseta tasasele tulele, eemalda ja kata lehttaignaga, murra servad sissepoole, kuni õuna või karamelli enam ei näe. Küpseta ahjus 190°C juures kuni pealt kuldne. Serveeri kuumalt.

TRIKK

Seda kooki saab teha mis tahes puuviljaga. Tundub suurepärane ananassi või banaaniga. Lisa lusikatäis vaniljejäätist.

VALGE ŠOKOLAADI- JA ApelSIN-VAHT

KOOSTISOSAD

250 g valget šokolaadi

400 ml vahukoort

5 muna

1 apelsini koor

TÖÖTLEMINE

Vahusta munakollased, kuni nende maht kolmekordistub. Vahusta munavalged tugevaks vahuks. Vahusta koor apelsinikoorega.

Sega munakollased sulašokolaadiga ja lisa koor. Lisa pehmete ümbritsevate liigutustega munavalged.

TRIKK

Koore paremaks vahustamiseks asetage see esmalt 30 minutiks sügavkülma.

APELSINIKREEM

KOOSTISOSAD

65 g suhkrut

400 ml piima

2 supilusikatäit rummi

3 munakollast

1 vaniljekaun

1 apelsin

TÖÖTLEMINE

Vahusta munakollased suhkruga. Lisa apelsinikoor ja -mahl, vanilliseemned, rumm ja piim.

Keeda madalal kuumusel segamist lõpetamata. Keema jõudes klopi vispliga tugevalt 15 sekundit. Eemaldage tulelt ja jätkake vahustamist veel 15 sekundit.

TRIKK

Haki mõned värsked piparmündilehed ja lisa need peale.

JOGURTKOOK

KOOSTISOSAD

375 g jahu

250 g naturaalset jogurtit

250 g suhkrut

1 kotike keemilist pärmi

5 muna

1 väike apelsin

1 sidrun

125 g päevalilleseemneõli

TÖÖTLEMINE

Vahusta munad ja suhkur mikseriga 5 minutit. Sega jogurti, õli, tsitruseliste koore ja mahlaga.

Sõeluge jahu ja pärm ning lisage need jogurtile.

Või ja jahu vormi. Vala tainas ja küpseta 165ºC juures umbes 35 minutit.

TRIKK

Kasuta maitsestatud jogurteid erinevate kookide valmistamiseks.

BANAANIKOMPOT ROSMARIINIGA

KOOSTISOSAD

30 g võid

1 oksake rosmariini

2 banaani

TÖÖTLEMINE

Koori ja lõika banaanid viiludeks.

Tõsta need pannile, kata kaanega ja küpseta väga tasasel tulel koos või ja rosmariiniga, kuni banaan on nagu kompott.

TRIKK

See kompott sobib nii sealihakotlettide kui šokolaadikoogi lisandiks. Magusamaks muutmiseks võid keetmise ajal lisada 1 spl suhkrut.

CREME BRULEE

KOOSTISOSAD

100 g roosuhkrut

100 g valget suhkrut

400 cl koort

300 cl piima

6 munakollast

1 vaniljekaun

TÖÖTLEMINE

Ava vaniljekaun ja eemalda kaunad.

Vahusta piim kausis valge suhkru, munakollaste, koore ja vanillikaunadega. Täitke selle seguga üksikud vormid.

Kuumuta ahi 100 kraadini ja küpseta bain-marie's 90 minutit. Kui see on jahtunud, puista üle pruuni suhkruga ja põleta põletiga (või kuumuta ahi kõrgel grillrežiimil ja küpseta, kuni suhkur kergelt kõrbeb).

TRIKK

Maitsva kakaokreembrülee saamiseks lisage koorele või piimale 1 supilusikatäis lahustuvat kakaod.

KREEMIGA TÄIDETUD MUSTLASAAR

KOOSTISOSAD

250 g šokolaadi

125 g suhkrut

½ l koort

Solete rullbiskviidi kook (vt magustoidu jaotist)

TÖÖTLEMINE

Tee soletilla kook. Täida vahukoorega ja rulli enda peale.

Kuumuta potis suhkur koos 125 g veega keema. Vala sisse šokolaad, lase pidevalt segades 3 minutit sulada ja kata sellega mustlase käsivars. Lase enne serveerimist puhata.

TRIKK

Veel täiuslikuma ja maitsva magustoidu nautimiseks lisa kreemile siirupis hakitud puuvilju.

MUNA FLAN

KOOSTISOSAD

200 g suhkrut

1 liiter piima

8 muna

TÖÖTLEMINE

Valmistage madalal kuumusel ja segamata karamell suhkruga. Kui see muutub pruuniks, eemaldage see tulelt. Jaotage eraldi koogivormidesse või mis tahes vormi.

Vahusta piim ja munad, vältides vahu teket. Kui see ilmub enne vormidesse asetamist, eemaldage see täielikult.

Vala karamellile ja küpseta bain-marie's 165ºC juures umbes 45 minutit või kuni sellesse torgatud nõel tuleb puhtana välja.

TRIKK

Seda sama retsepti kasutatakse maitsva pudingi valmistamiseks. Lihtsalt lisa tainasse eelmisest päevast üle jäänud sarvesaiad, muffinid, koogid....

CAVA JELLY MAASIKAGA

KOOSTISOSAD

500 g suhkrut

150 g maasikaid

1 pudel vahuveini

½ pakki želatiinilehti

TÖÖTLEMINE

Kuumuta pannil cava ja suhkur. Lisa eelnevalt tulelt külmas vees niisutatud želatiin.

Serveeri martiniklaasides koos maasikatega ja pane külmkappi tahenema.

TRIKK

Seda saab valmistada ka mis tahes magusa veini ja punaste puuviljadega.

PANKOOGID

KOOSTISOSAD

150 g jahu

30 g võid

250 ml piima

4 muna

1 sidrun

TÖÖTLEMINE

Aja piim ja või koos sidrunikoorega keema. Kui see keeb, eemalda nahk ja lisa korraga jahu. Keera kuumus maha ja sega 30 s.

Pane uuesti tulele ja sega veel minut aega, kuni segu ei kleepu enam anuma seinte külge.

Vala tainas kaussi ja lisa ükshaaval munad (ärge lisa enne, kui eelmine on tainasse hästi segunenud).

Kasutades torukotti või 2 supilusikatäit, praadige pannkoogid väikeste portsjonitena.

TRIKK

Seda saab täita koore, koore, šokolaadiga jne.

PÜHA JOHANNE KOKS

KOOSTISOSAD

350 g jahu

100 g võid

40 g piiniaseemneid

250 ml piima

1 kotike pärmi

1 sidruni koor

3 muna

Suhkur

soola

TÖÖTLEMINE

Sõeluge jahu ja pärm. Segage ja looge vulkaan. Vala keskele koor, 110 g suhkrut, või, piim, munad ja näpuotsaga soola. Sõtku hästi, kuni tainas jääb käte külge.

Rulli taignarulliga lahti, kuni saad õhukese ristkülikukujulise lehe. Tõsta ahjuplaadile ja jäta 30 minutiks kerkima.

Pintselda coca munaga, puista peale piiniaseemned ja 1 spl suhkrut. Küpseta 200ºC juures umbes 25 minutit.

TRIKK

Seda on kõige parem süüa külmalt. Enne küpsetamist lisa mõned suhkrustatud puuviljad. Tulemus on fantastiline.

PIRNIKOMPOTI MASCARPONEGA

KOOSTISOSAD

400 g pirne

250 g mascarponet

50 g tuhksuhkrut

50 g valget suhkrut

1 dl rummi

½ tl jahvatatud kaneeli

4 nelki

TÖÖTLEMINE

Koori ja tükelda pirnid. Asetage need anumasse ja lisage liköör ja nelk. Kata veega ja küpseta 20 minutit või kuni see on pehme. Filtreerige ja segage.

Pane pirnipüree koos suhkru ja kaneeliga uuesti tulele ning jäta umbes 10 minutiks küpsema.

Eraldi sega mascarpone tuhksuhkruga.

Jaga külm kompott 4 klaasi ja pane peale juust.

TRIKK

Mascarpone segule võid tuhksuhkruga lisada sidrunikoort ja paar lusikatäit limoncellot. Tulemus on maitsev.

ŠOKOLAADI KOULANT

KOOSTISOSAD

250 g šokolaadikate

250 g võid

150 gr) Suhkur

100 g jahu

6 munakollast

5 tervet muna

Jäätiselusikas (valikuline)

TÖÖTLEMINE

Sulata šokolaad ja või mikrolaineahjus. Vahepeal klopi lahti munakollased ja munad. Lisa munad šokolaadisegule.

Sõeluge jahu ja lisage see suhkrule. Lisa šokolaad ja munad ning klopi läbi.

Või ja jahu üksikud vormid ja täitke need eelmise seguga kuni ¾ mahust. Jäta 30 minutiks külmkappi seisma.

Kuumuta ahi 200 kraadini ja küpseta vähemalt 6 minutit. See peab olema seest sulanud ja väljast kalgendatud.

Serveeri kuumalt, lisandiks lusikatäis jäätist.

TRIKK

Lisa tainale tükeldatud banaani- ja sarapuupähklikreem. Rõõm.

PORGANDI-JUUSTUKOOK

KOOSTISOSAD

360 g jahu

360 g suhkrut

2 tl küpsetuspulbrit

8 suurt muna

5 suurt porgandit

1 apelsin

Pähklid

rosinad

Määritav juust

Tuhksuhkur

Päevalilleõli

TÖÖTLEMINE

Kuumuta ahi 170ºC-ni.

Koori, tükelda ja küpseta porgandid väga pehmeks. Sega omavahel munad, ½ apelsini mahl, apelsinikoor, suhkur ja tilk päevalilleseemneõli.

Sega pärm jahu, suhkruga ja sõelu läbi sõela.

Sega lahtiklopitud tainas jahuseguga. Lisa hakitud pähklid ja rosinad ning sega korralikult läbi.

Või ja jahu vormi. Vala tainas ja küpseta 45 minutit või kuni torgatud nõel tuleb puhtana välja.

Lase jahtuda ja tõsta peale tuhksuhkruga segatud juustukiht.

TRIKK

Võid lisada ka kaneeli, ingverit, nelki vms. Tulemus saab olema üllatav.

CATALAN KREEM

KOOSTISOSAD

200 g suhkrut

45 g maisitärklist

1 liiter piima

8 munakollast

1 kaneelipulk

1 sidruni koor

TÖÖTLEMINE

Keeda tasasel tulel peaaegu kogu piim koos kaneeli ja sidrunikoorega.

Vahepeal vahusta munakollased suhkru ja ülejäänud kuumutamata piimaga.

Sega kuum piim munakollastega ja keeda tasasel tulel. Segage pidevalt vispliga, kuni see keeb esimest korda. Seejärel tõsta tulelt ja jätka vahustamist veel 2 minutit.

Serveeri terrakotapottides ja lase jahtuda. Serveerimisel puista peale suhkur ja põleta labida või puhuriga.

TRIKK

Piima võid asendada horchataga. See on suurejooneline horchata creme brulee.

PRANTSUSE röstsai

KOOSTISOSAD

1 päts 3 või 4 päeva vanust roiskunud leiba

2 liitrit piima

3 muna

1 sidruni koor

kaneelipulk

Kaneelipulber

Suhkur

Oliiviõli

TÖÖTLEMINE

Keeda piim kaneelipulga ja sidrunikoorega koos 3 spl suhkruga. Kui see keeb, katke kaanega ja laske 15 minutit puhata.

Lõika leib viiludeks ja aseta taldrikule. Filtreerige piim leivale, et see immitseks.

Nõruta torrijad, kasta lahtiklopitud munasse ja prae mõlemalt poolt. Eemalda õlist, nõruta ja aja läbi suhkru ja kaneeli.

TRIKK

Kõige peale võid lisada 1 spl magusat veini.

KOHALDATUD KREEM

KOOSTISOSAD

65 g suhkrut

20 g maisitärklist

250 ml piima

3 munakollast

TÖÖTLEMINE

Keeda peaaegu kogu piim.

Vahepeal sega ülejäänud piim munakollaste, suhkru ja maisitärklisega. Sega hästi, kuni tükid kaovad.

Lisa munasegu keevale piimale. Vahusta kuni keemiseni ja jätka intensiivselt segamist veel 15 sekundit.

Tõsta tulelt ja klopi veel 15 sekundit. Lase jahtuda ja jäta külmkappi seisma.

TRIKK

See on lugematute magustoitude aluseks ja selle muutujad on peaaegu lõpmatud.

VIRSIKU- JA KOOKOSLEHN

KOOSTISOSAD

65 g riivitud kookospähklit

½ liitrit piima

4 supilusikatäit suhkrut

4 muna

4 poolikut virsikuid siirupis

1 väike purk kondenspiima

TÖÖTLEMINE

Valmistage madalal kuumusel ja segamata karamell suhkruga. Kui see muutub pruuniks, eemaldage see tulelt. Jagage eraldi kaussidesse.

Blenderda kookospähkel kondenspiima, munade, virsiku ja piimaga. Vala karamellile ja küpseta 35 minutit 175°C juures või seni, kuni sisestatud nõel tuleb puhtana välja.

TRIKK

Lisa tainale paar koogitükki.

VALGE ŠOKOLAADI JA PUUVILJAFONDUE

KOOSTISOSAD

500 g valget šokolaadi

100 g sarapuupähkleid

¼ l piima

¼ l koort

8 maasikat

2 banaani

TÖÖTLEMINE

Keeda koor ja piim. Lisage šokolaad tulelt, kuni see sulab. Lisa hakitud sarapuupähklid.

Lõika puuviljad ühtlasteks tükkideks ja lao koos šokolaadikreemiga väikesesse kaussi.

TRIKK

Kui lapsed ei taha seda süüa, valage see rummi pritsmega üle.

PUNASED PUUVILJAD MÜNDI MAGUS VEINIGA

KOOSTISOSAD

550 g punaseid puuvilju

50 g suhkrut

2 dl magusat veini

5 piparmündi lehte

TÖÖTLEMINE

Hauta punaseid puuvilju, suhkrut, magusat veini ja piparmündilehti kastrulis 20 minutit.

Laske sellel samas mahutis puhata, kuni see on jahtunud, ja serveeri seda eraldi kaussides.

TRIKK

Murenda ja lisa koorejäätis ja mõned tükeldatud šokolaadiküpsised.

INTXAURSALSA (kreekapähklikreem)

KOOSTISOSAD

125 g kooritud kreeka pähkleid

100 g suhkrut

1 liiter piima

1 väike kaneelipulk

TÖÖTLEMINE

Keeda piim koos kaneeliga ning lisa suhkur ja hakitud pähklid.

Keeda tasasel tulel 2 tundi ja lase enne serveerimist jahtuda.

TRIKK

See peaks olema riisipudingu konsistentsiga.

BESEKE PIIM

KOOSTISOSAD

175 g suhkrut

1 liiter piima

1 sidruni koor

1 kaneelipulk

3 või 4 munavalget

Kaneelipulber

TÖÖTLEMINE

Kuumuta piima koos kaneelipulga ja sidrunikoorega tasasel tulel, kuni see hakkab keema. Lisa kohe suhkur ja keeda veel 5 minutit. Reserveeri ja lase külmkapis jahtuda.

Kui see on külm, vahusta munavalged tugevaks vahuks ja lisa ümbritsevate liigutustega piim. Serveeri jahvatatud kaneeliga.

TRIKK

Ületamatu granita saamiseks asetage see sügavkülma ja kraapige iga tund kahvliga, kuni see on täielikult külmunud.

KASSI KEELED

KOOSTISOSAD

350 g lahtist jahu

250 g kreemjat võid

250 g tuhksuhkrut

5 munavalget

1 muna

Vanill

soola

TÖÖTLEMINE

Lisa kaussi või, tuhksuhkur, näpuotsaga soola ja veidi vaniljeessentsi. Klopi korralikult läbi ja lisa muna. Jätka vahustamist ja lisa ükshaaval munavalged ilma vahustamist katkestamata. Lisa jahu korraga ilma liigselt segamata.

Lao kreem sileda otsikuga torukotis ja lõika umbes 10 cm ribadeks. Koputa plaat vastu lauda, et tainas paisuks ja küpseta 200ºC ahjus, kuni otsad on kuldsed.

TRIKK

Mitme kassi keele saamiseks lisage tainale 1 spl kookospulbrit.

ORANŽID KOKKUKOGID

KOOSTISOSAD

220 g jahu

200 g suhkrut

4 muna

1 väike apelsin

1 keemilise pärmi kohta

Kaneelipulber

220 g päevalilleseemneõli

TÖÖTLEMINE

Sega munad suhkru, kaneeli ja apelsinikoore ning mahlaga.

Lisa õli ja sega. Lisa sõelutud jahu ja pärm. Lase sellel segul 15 minutit seista ja vala muffinivormidesse.

Kuumuta ahi 200 kraadini ja küpseta 15 minutit, kuni see on küps.

TRIKK

Taignasse võid lisada šokolaadipärleid.

RÖSTITUD ÕUNAD PORTIGA

KOOSTISOSAD

80 g võid (4 tükki)

8 supilusikatäit portveini

4 supilusikatäit suhkrut

4 põhjapõdra õuna

TÖÖTLEMINE

Puhasta õuntel südamik. Täida suhkruga ja pane peale või.

Küpseta 30 minutit 175 kraadi juures. Selle aja möödudes puista igale õunale 2 spl portveini ja küpseta veel 15 minutit.

TRIKK

Serveeri soojalt koos kulbiku vaniljejäätise ja kastmega koos nendest eraldunud mahlaga.

KEEDETUD BESEKE

KOOSTISOSAD

400 g granuleeritud suhkrut

100 g tuhksuhkrut

¼ l munavalget

Tilgad sidrunimahla

TÖÖTLEMINE

Vahusta munavalged koos sidrunimahla ja suhkruga vannis hästi vahuks. Tõsta tulelt ja jätka vahustamist (temperatuuri langedes muutub besee paksemaks).

Lisa tuhksuhkur ja jätka vahustamist, kuni besee on täiesti külm.

TRIKK

Seda saab kasutada kookide katmiseks ja kaunistuste tegemiseks. Temperatuuri ei tohi ületada 60ºC, et munavalge ei pakseneks.

VRESIDINE

KOOSTISOSAD

170 g suhkrut

1 liiter piima

1 spl maisitärklist

8 munakollast

1 sidruni koor

Kaneel

TÖÖTLEMINE

Keeda piim koos sidrunikoore ja poole suhkruga. Katke kohe, kui see keeb, ja laske tulelt maha puhata.

Vahusta eraldi kausis munakollased ülejäänud suhkru ja maisitärklisega. Lisa veerand keedetud piimast ja jätka segamist.

Lisa munakollasesegu ülejäänud piimale ja küpseta segamist katkestamata.

Esimesel keemisel klopi vispliga 15 sekundit. Tõsta tulelt ja jätka vahustamist veel 30 sekundit. Filtreerige ja laske külmas puhata. Puista üle kaneeliga.

TRIKK

Maitsestatud vanillikaste (šokolaad, purustatud küpsised, kohv, riivitud kookospähkel jne) valmistamiseks tuleb lisada soovitud maitset ainult tulelt ja kuumalt.

LILLA KOMM PANNA COTTA

KOOSTISOSAD

150 gr) Suhkur

100 g lillasid maiustusi

½ l koort

½ liitrit piima

9 želatiinilehte

TÖÖTLEMINE

Niisutage želatiinilehed külma veega.

Kuumuta potis koor, piim, suhkur ja maiustused, kuni need sulavad.

Pärast tulelt eemaldamist lisage želatiin ja segage, kuni see on täielikult lahustunud.

Vala vormidesse ja lase vähemalt 5 tundi külmkapis puhata.

TRIKK

Saate seda retsepti muuta, lisades kohvikompvekke, karamelli jne.

TSITRUSE KÜPSIKAD

KOOSTISOSAD

220 g võisalvi

170 g jahu

55 g tuhksuhkrut

35 g maisitärklist

5 g apelsinikoort

5 g sidrunikoort

2 supilusikatäit apelsinimahla

1 spl sidrunimahla

1 munavalge

Vanill

TÖÖTLEMINE

Sega väga aeglaselt kokku või, munavalge, apelsinimahl, sidrunimahl, tsitrusviljade koor ja näputäis vaniljeessentsi. Sega ja lisa sõelutud jahu ja maisitärklis.

Pane tainas otsikuga torukotti ja joonista küpsetuspaberile 7cm rõngad. Küpseta 15 minutit 175 kraadi juures.

Puista küpsistele tuhksuhkrut.

TRIKK

Lisa segule jahvatatud nelk ja ingver. Tulemus on suurepärane.

MANGA PASTA

KOOSTISOSAD

550 g lahtist jahu

400 g võisalvi

200 g tuhksuhkrut

125 g piima

2 muna

Vanill

soola

TÖÖTLEMINE

Klopi omavahel jahu, suhkur, näpuotsaga soola ja veel üks vaniljeessentsi. Lisa ükshaaval munad, mitte liiga külmad. Niisutage veidi soojas piimas ja lisage sõelutud jahu.

Pane tainas lokiotsikuga torukotti ja vala osa küpsetuspaberile. Küpseta 180ºC juures 10 minutit.

TRIKK

Väljastpoolt võite lisada granuleeritud mandleid, kasta neid šokolaadi või lisada kirsse.

PIRNID VEINIS

KOOSTISOSAD

300 ml head punast veini

250 g suhkrut

4 pirni

1 kaneelipulk

1 sidruni koor

1 apelsini koor

TÖÖTLEMINE

Valmistage kastrulis siirup ½ liitri vee ja suhkruga. Keeda tasasel tulel 15 min. Selle aja möödudes lisage vein, tsitrusviljade koored ja kaneel.

Koori pirnid ja küpseta neid veinis kaanega kaetud pannil 20 minutit või kuni need on pehmed. Eemaldage need tulelt ja laske neil vedelikus jahtuda.

TRIKK

Seda saab valmistada magusa veini, valge veini ja isegi Lambruscoga.

ALASKA PIRK

KOOSTISOSAD

Solete rullbiskviidi kook (vt magustoidu jaotist)

100 g suhkrut

8 munavalget

300g plokki jäätist

100 g puuvilju siirupis

TÖÖTLEMINE

Valmista rullbiskviidi kook ja lase jahtuda.

Valmistage siirup 200 ml veest ja 50 g suhkrust. Küpseta 5 minutit keskmisel kõrgel kuumusel.

Vahusta 8 munavalget kõvaks vahuks ja kui need on peaaegu vahustatud, lisa ülejäänud suhkur.

Vala siirup vähehaaval ja vahustamist katkestamata munavalgetele. Jätka vahustamist, kuni besee pole enam kuum.

Aseta külmutatud jäätis tordi peale ja puuvili jäätise peale. Kata beseega ja küpseta 1 minut kõrgel temperatuuril, kuni pind on kuldne.

TRIKK

Pane kook kokku ja küpseta viimasel hetkel. Termiline kontrast üllatab. Lisa munavalgetele näpuotsaga soola, et besee püsiks paremini.

PUDDING

KOOSTISOSAD

300 g suhkrut

1 liiter piima

8 muna

Kondiitritooted (muffinid, täidetud sarvesaiad jne)

Äädikas

TÖÖTLEMINE

Valmista karamell 100 g suhkrust, 1 klaasist veest ja tilgast äädikast. Niipea, kui see hakkab pruunistuma, eemaldage see tulelt ja asetage kõrvale.

Vahusta munad ülejäänud suhkru ja piimaga (ei tohi vahustada, kui midagi välja tuleb, eemalda).

Vala karamell vormi põhja. Seejärel vala juurde munasegu, lisa muretainas ja jäta leotamiseks.

Küpseta bain-marie's 170ºC juures 45 minutit või kuni pudingi keskele torgatud nõel tuleb puhtana välja. Lase enne söömist jahtuda.

TRIKK

Enne küpsetamist lisa tainale mõned šokolaadipärlid. Pärast sulamist annab see maitsva maitse.

PIRNID ŠOKOLAADIS PIPARGA

KOOSTISOSAD

150 g šokolaadi

85 g suhkrut

½ liitrit piima

4 pirni

1 kaneelipulk

10 pipratera

TÖÖTLEMINE

Koori pirnid vart eemaldamata. Keeda neid piimas koos suhkru, kaneelipulga ja piprateradega 20 minutit.

Eemaldage pirnid, filtreerige piim ja lisage šokolaad. Laske segamist katkestamata hõreneda, kuni see pakseneb. Serveeri pirne koos šokolaadikastmega.

TRIKK

Kui pirnid on küpsed, ava need pikuti, eemalda südamik ning täida mascarpone ja suhkruga. Sulgege ja kastke. Meeldiv.

KOLME ŠOKOLAADIKOOK KÜPSIKIDEGA

KOOSTISOSAD

150 g valget šokolaadi

150 g tumedat šokolaadi

150 g piimašokolaadi

450 ml koort

450 ml piima

4 spl võid

1 pakk Maria küpsiseid

3 kotti kohupiima

TÖÖTLEMINE

Purusta küpsised ja sulata või. Sega küpsised võiga ja valmista koogipõhi eemaldatavasse vormi. Jäta 20 minutiks sügavkülma puhata.

Vahepeal kuumuta anumas 150 g piima, 150 g koort ja 150 g ühte šokolaadi. Kohe, kui see keema hakkab, lahjenda 1 pakk kohupiima klaasis vähese piimaga ja lisa anumas olevale segule. Eemaldage see niipea, kui see uuesti küpseb.

Aseta esimene šokolaad küpsisetainale ja aseta 20 minutiks sügavkülma.

Korrake sama asja teise šokolaadiga ja asetage see esimese kihi peale. Ja korrake toimingut kolmanda šokolaadiga. Jäta serveerimiseks sügavkülma või külmkappi puhkama.

TRIKK

Kasutada võib ka muid šokolaade, näiteks piparmündi või apelsini.

VEITSI MEREING

KOOSTISOSAD

250 g suhkrut

4 munavalget

näputäis soola

Paar tilka sidrunimahla

TÖÖTLEMINE

Vahusta munavalged vispliga tugevaks vahuks. Lisa vähehaaval ja vahustamist katkestamata sidrunimahl, näputäis soola ja suhkur.

Kui olete suhkru lisamise lõpetanud, vahustage veel 3 minutit.

TRIKK

Kui vahustatud munavalge on jäik, nimetatakse seda tipppunktiks või lumepunktiks.

SARAPUUPÄHKLI KREPID BANAANIGA

KOOSTISOSAD

100 g jahu

25 g võid

25 g suhkrut

1 ½ dl piima

8 spl sarapuupähklikreemi

2 supilusikatäit rummi

1 spl tuhksuhkrut

2 banaani

1 muna

½ kotikest pärmi

TÖÖTLEMINE

Klopi lahti muna, pärm, rumm, jahu, suhkur ja piim. Jäta 30 minutiks külmkappi puhkama.

Kuumuta või madalal kuumusel mittenakkuval pannil ja määri õhuke taignakiht üle kogu pinna. Keera, kuni see on kergelt pruunistunud.

Koori ja viiluta banaanid. Määri igale krepile 2 supilusikatäit sarapuupähklikreemi ja ½ banaani. Sule taskuräti kujul ja puista tuhksuhkruga.

TRIKK

Kreppe saab eelnevalt ette valmistada. Neid sööma minnes pole vaja teha muud, kui pannil kuumutada, mõlemalt poolt veidi võis.

SIDRUNIKOOK ŠOKOLAADIALUSEGA

KOOSTISOSAD

400 ml piima

300 g suhkrut

250 g jahu

125 g võid

50 g kakaod

50 g maisitärklist

5 munakollast

2 sidruni mahl

TÖÖTLEMINE

Sega jahu, või, 100 g suhkrut ja kakaod, kuni saad liivase konsistentsi. Seejärel lisa vett, kuni saad taigna, mis ei kleepu käte külge. Vooderda vorm, vala see kreem ja küpseta 170ºC juures 20 minutit.

Teisest küljest soojendage piima. Vahepeal vahusta munakollased ja ülejäänud suhkur, kuni need muutuvad kergelt kahvatuks. Seejärel lisa maisitärklis ja sega piimaga. Kuumuta pidevalt segades kuni paksenemiseni. Lisa sidrunimahl ja jätka segamist.

Pane kook kokku, täites põhi kreemiga. Lase enne serveerimist 3 tundi külmkapis puhata.

TRIKK

Lisage sidrunikreemile mõned piparmündilehed, et anda koogile täiuslik värskuse puudutus.

TIRAMISU

KOOSTISOSAD

500 g mascarponet

120 g suhkrut

1 pakk rullbiskviidi

6 muna

Amaretto (või röstitud rumm)

1 suur klaas kohvimasina kohviga (maitse järgi magustatud)

kakaopulber

soola

TÖÖTLEMINE

Eralda munavalged ja -kollased. Klopi lahti munakollased ning lisa pool suhkrust ja mascarpone. Lööge ümbritsevate liigutustega ja asetage kõrvale. Vahusta munavalged näpuotsatäie soolaga kõvaks (või kõvaks) vahuks. Kui need on peaaegu vahustatud, lisa teine pool suhkrust ja lõpeta vahustamine. Sega munakollased ja -valged õrnalt ja ümbritsevate liigutustega.

Kasta küpsised mõlemalt poolt kohvi ja likööri sisse (ilma neid liigselt niisutamata) ja aseta anuma põhjale.

Aseta küpsiste peale kiht muna ja toorjuustu. Tehke rullbiskviidi uuesti märjaks ja paigaldage see taigna peale. Viimistle juustu seguga ja puista kakaopulbriga.

TRIKK

Sööge ühest päevast teise või parem kaks päeva pärast valmistamist.

INTXAURSALSA (kreekapähklikreem)

KOOSTISOSAD

125 g kooritud kreeka pähkleid

100 g suhkrut

1 liiter piima

1 väike kaneelipulk

TÖÖTLEMINE

Keeda piim koos kaneeliga ning lisa suhkur ja hakitud pähklid.

Keeda tasasel tulel 2 tundi ja lase enne serveerimist jahtuda.

TRIKK

See peaks olema riisipudingu konsistentsiga.

BESEKE PIIM

KOOSTISOSAD

175 g suhkrut

1 liiter piima

1 sidruni koor

1 kaneelipulk

3 või 4 munavalget

Kaneelipulber

TÖÖTLEMINE

Kuumuta piima koos kaneelipulga ja sidrunikoorega tasasel tulel, kuni see hakkab keema. Lisa kohe suhkur ja keeda veel 5 minutit. Reserveeri ja lase külmkapis jahtuda.

Kui see on külm, vahusta munavalged tugevaks vahuks ja lisa ümbritsevate liigutustega piim. Serveeri jahvatatud kaneeliga.

TRIKK

Ületamatu granita saamiseks asetage see sügavkülma ja kraapige iga tund kahvliga, kuni see on täielikult külmunud.

KASSI KEELED

KOOSTISOSAD

350 g lahtist jahu

250 g kreemjat võid

250 g tuhksuhkrut

5 munavalget

1 muna

Vanill

soola

TÖÖTLEMINE

Lisa kaussi või, tuhksuhkur, näpuotsaga soola ja veidi vaniljeessentsi. Klopi korralikult läbi ja lisa muna. Jätka vahustamist ja lisa ükshaaval munavalged ilma vahustamist katkestamata. Lisa jahu korraga ilma liigselt segamata.

Lao kreem sileda otsikuga torukotis ja lõika umbes 10 cm ribadeks. Koputa plaat vastu lauda, et tainas paisuks ja küpseta 200ºC ahjus, kuni otsad on kuldsed.

TRIKK

Mitme kassi keele saamiseks lisage tainale 1 spl kookospulbrit.

ORANŽID KOKKUKOGID

KOOSTISOSAD

220 g jahu

200 g suhkrut

4 muna

1 väike apelsin

1 keemilise pärmi kohta

Kaneelipulber

220 g päevalilleseemneõli

TÖÖTLEMINE

Sega munad suhkru, kaneeli ja apelsinikoore ning mahlaga.

Lisa õli ja sega. Lisa sõelutud jahu ja pärm. Lase sellel segul 15 minutit seista ja vala muffinivormidesse.

Kuumuta ahi 200 kraadini ja küpseta 15 minutit, kuni see on küps.

TRIKK

Taignasse võid lisada šokolaadipärleid.

RÖSTITUD ÕUNAD PORTIGA

KOOSTISOSAD

80 g võid (4 tükki)

8 supilusikatäit portveini

4 supilusikatäit suhkrut

4 põhjapõdra õuna

TÖÖTLEMINE

Puhasta õuntel südamik. Täida suhkruga ja pane peale või.

Küpseta 30 minutit 175 kraadi juures. Selle aja möödudes puista igale õunale 2 spl portveini ja küpseta veel 15 minutit.

TRIKK

Serveeri soojalt koos kulbiku vaniljejäätise ja kastmega koos nendest eraldunud mahlaga.

KEEDETUD BESEKE

KOOSTISOSAD

400 g granuleeritud suhkrut

100 g tuhksuhkrut

¼ l munavalget

Tilgad sidrunimahla

TÖÖTLEMINE

Vahusta munavalged koos sidrunimahla ja suhkruga vannis hästi vahuks. Tõsta tulelt ja jätka vahustamist (temperatuuri langedes muutub besee paksemaks).

Lisa tuhksuhkur ja jätka vahustamist, kuni besee on täiesti külm.

TRIKK

Seda saab kasutada kookide katmiseks ja kaunistuste tegemiseks. Temperatuuri ei tohi ületada 60ºC, et munavalge ei pakseneks.

VRESIDINE

KOOSTISOSAD

170 g suhkrut

1 liiter piima

1 spl maisitärklist

8 munakollast

1 sidruni koor

Kaneel

TÖÖTLEMINE

Keeda piim koos sidrunikoore ja poole suhkruga. Katke kohe, kui see keeb, ja laske tulelt maha puhata.

Vahusta eraldi kausis munakollased ülejäänud suhkru ja maisitärklisega. Lisa veerand keedetud piimast ja jätka segamist.

Lisa munakollasesegu ülejäänud piimale ja küpseta segamist katkestamata.

Esimesel keemisel klopi vispliga 15 sekundit. Tõsta tulelt ja jätka vahustamist veel 30 sekundit. Filtreerige ja laske külmas puhata. Puista üle kaneeliga.

TRIKK

Maitsestatud vanillikaste (šokolaad, purustatud küpsised, kohv, riivitud kookospähkel jne) valmistamiseks tuleb lisada soovitud maitset ainult tulelt ja kuumalt.

LILLA KOMM PANNA COTTA

KOOSTISOSAD

150 gr) Suhkur

100 g lillasid maiustusi

½ l koort

½ liitrit piima

9 želatiinilehte

TÖÖTLEMINE

Niisutage želatiinilehed külma veega.

Kuumuta potis koor, piim, suhkur ja maiustused, kuni need sulavad.

Pärast tulelt eemaldamist lisage želatiin ja segage, kuni see on täielikult lahustunud.

Vala vormidesse ja lase vähemalt 5 tundi külmkapis puhata.

TRIKK

Saate seda retsepti muuta, lisades kohvikompvekke, karamelli jne.

TSITRUSE KÜPSIKAD

KOOSTISOSAD

220 g võisalvi

170 g jahu

55 g tuhksuhkrut

35 g maisitärklist

5 g apelsinikoort

5 g sidrunikoort

2 supilusikatäit apelsinimahla

1 spl sidrunimahla

1 munavalge

Vanill

TÖÖTLEMINE

Sega väga aeglaselt kokku või, munavalge, apelsinimahl, sidrunimahl, tsitrusviljade koor ja näputäis vaniljeessentsi. Sega ja lisa sõelutud jahu ja maisitärklis.

Pane tainas otsikuga torukotti ja joonista küpsetuspaberile 7cm rõngad. Küpseta 15 minutit 175 kraadi juures.

Puista küpsistele tuhksuhkrut.

TRIKK

Lisa segule jahvatatud nelk ja ingver. Tulemus on suurepärane.

MANGA PASTA

KOOSTISOSAD

550 g lahtist jahu

400 g võisalvi

200 g tuhksuhkrut

125 g piima

2 muna

Vanill

soola

TÖÖTLEMINE

Klopi omavahel jahu, suhkur, näpuotsaga soola ja veel üks vaniljeessentsi. Lisa ükshaaval munad, mitte liiga külmad. Niisutage veidi soojas piimas ja lisage sõelutud jahu.

Pane tainas lokiotsikuga torukotti ja vala osa küpsetuspaberile. Küpseta 180ºC juures 10 minutit.

TRIKK

Väljastpoolt võite lisada granuleeritud mandleid, kasta neid šokolaadi või lisada kirsse.

JOGURTKOOK

KOOSTISOSAD

375 g jahu

250 g naturaalset jogurtit

250 g suhkrut

1 kotike keemilist pärmi

5 muna

1 väike apelsin

1 sidrun

125 g päevalilleseemneõli

TÖÖTLEMINE

Vahusta munad ja suhkur mikseriga 5 minutit. Sega jogurti, õli, tsitruseliste koore ja mahlaga.

Sõeluge jahu ja pärm ning lisage need jogurtile.

Või ja jahu vormi. Vala tainas ja küpseta 165ºC juures umbes 35 minutit.

TRIKK

Kasuta maitsestatud jogurteid erinevate kookide valmistamiseks.

BANAANIKOMPOT ROSMARIINIGA

KOOSTISOSAD

30 g võid

1 oksake rosmariini

2 banaani

TÖÖTLEMINE

Koori ja lõika banaanid viiludeks.

Tõsta need pannile, kata kaanega ja küpseta väga tasasel tulel koos või ja rosmariiniga, kuni banaan on nagu kompott.

TRIKK

See kompott sobib nii sealihakotlettide kui šokolaadikoogi lisandiks. Magusamaks muutmiseks võid keetmise ajal lisada 1 spl suhkrut.

CREME BRULEE

KOOSTISOSAD

100 g roosuhkrut

100 g valget suhkrut

400 cl koort

300 cl piima

6 munakollast

1 vaniljekaun

TÖÖTLEMINE

Ava vaniljekaun ja eemalda kaunad.

Vahusta piim kausis valge suhkru, munakollaste, koore ja vanillikaunadega. Täitke selle seguga üksikud vormid.

Kuumuta ahi 100 kraadini ja küpseta bain-marie's 90 minutit. Kui see on jahtunud, puista üle pruuni suhkruga ja põleta põletiga (või kuumuta ahi kõrgel grillrežiimil ja küpseta, kuni suhkur kergelt kõrbeb).

TRIKK

Maitsva kakaokreembrülee saamiseks lisage koorele või piimale 1 supilusikatäis lahustuvat kakaod.

KREEMIGA TÄIDETUD MUSTLASAAR

KOOSTISOSAD

250 g šokolaadi

125 g suhkrut

½ l koort

Solete rullbiskviidi kook (vt magustoidu jaotist)

TÖÖTLEMINE

Tee soletilla kook. Täida vahukoorega ja rulli enda peale.

Kuumuta potis suhkur koos 125 g veega keema. Vala sisse šokolaad, lase pidevalt segades 3 minutit sulada ja kata sellega mustlase käsivars. Lase enne serveerimist puhata.

TRIKK

Veel täiuslikuma ja maitsva magustoidu nautimiseks lisa kreemile siirupis hakitud puuvilju.

MUNA FLAN

KOOSTISOSAD

200 g suhkrut

1 liiter piima

8 muna

TÖÖTLEMINE

Valmistage madalal kuumusel ja segamata karamell suhkruga. Kui see muutub pruuniks, eemaldage see tulelt. Jaotage eraldi koogivormidesse või mis tahes vormi.

Vahusta piim ja munad, vältides vahu teket. Kui see ilmub enne vormidesse asetamist, eemaldage see täielikult.

Vala karamellile ja küpseta bain-marie's 165ºC juures umbes 45 minutit või kuni sellesse torgatud nõel tuleb puhtana välja.

TRIKK

Seda sama retsepti kasutatakse maitsva pudingi valmistamiseks. Lihtsalt lisa tainasse eelmisest päevast üle jäänud sarvesaiad, muffinid, koogid....

CAVA JELLY MAASIKAGA

KOOSTISOSAD

500 g suhkrut

150 g maasikaid

1 pudel vahuveini

½ pakki želatiinilehti

TÖÖTLEMINE

Kuumuta pannil cava ja suhkur. Lisa eelnevalt tulelt külmas vees niisutatud želatiin.

Serveeri martiniklaasides koos maasikatega ja pane külmkappi tahenema.

TRIKK

Seda saab valmistada ka mis tahes magusa veini ja punaste puuviljadega.

PANKOOGID

KOOSTISOSAD

150 g jahu

30 g võid

250 ml piima

4 muna

1 sidrun

TÖÖTLEMINE

Aja piim ja või koos sidrunikoorega keema. Kui see keeb, eemalda nahk ja lisa korraga jahu. Keera kuumus maha ja sega 30 s.

Pane uuesti tulele ja sega veel minut aega, kuni segu ei kleepu enam anuma seinte külge.

Vala tainas kaussi ja lisa ükshaaval munad (ärge lisa enne, kui eelmine on tainasse hästi segunenud).

Kasutades torukotti või 2 supilusikatäit, praadige pannkoogid väikeste portsjonitena.

TRIKK

Seda saab täita koore, koore, šokolaadiga jne.

PÜHA JOHANNE KOKS

KOOSTISOSAD

350 g jahu

100 g võid

40 g piiniaseemneid

250 ml piima

1 kotike pärmi

1 sidruni koor

3 muna

Suhkur

soola

TÖÖTLEMINE

Sõeluge jahu ja pärm. Segage ja looge vulkaan. Vala keskele koor, 110 g suhkrut, või, piim, munad ja näpuotsaga soola. Sõtku hästi, kuni tainas jääb käte külge.

Rulli taignarulliga lahti, kuni saad õhukese ristkülikukujulise lehe. Tõsta ahjuplaadile ja jäta 30 minutiks kerkima.

Pintselda coca munaga, puista peale piiniaseemned ja 1 spl suhkrut. Küpseta 200ºC juures umbes 25 minutit.

BOLOGNESE KASTE

KOOSTISOSAD

600 g purustatud tomatit

500 g hakkliha

1 klaas punast veini

3 porgandit

2 pulka sellerit (valikuline)

2 küüslauguküünt

1 sibul

Origan

Suhkur

Oliiviõli

Sool ja pipar

TÖÖTLEMINE

Haki sibul, küüslauk, sellerivarred ja porgand peeneks. Pruunista ja kui köögiviljad on pehmed, lisa liha.

Lisa sool, pipar ja vala vein sisse, kui liha roosakas värvus on kadunud. Lase kõrgel kuumusel 3 minutit haududa.

Lisa purustatud tomat ja keeda tasasel tulel 1 tund. Viimasena maitsesta soola ja suhkruga ning lisa maitse järgi pune.

TRIKK

Bologneset seostatakse alati pastaga, kuid see on maitsev riisipilafiga.

VALGE puljong (KANA VÕI VEISELIHA)

KOOSTISOSAD

1 kg veise- või kanakonte

1 dl valget veini

1 selleri vars

1 oksake tüümiani

2 nelki

1 loorberileht

1 puhastatud porru

1 puhastatud porgand

½ sibulat

15 tera musta pipart

TÖÖTLEMINE

Pange kõik koostisosad potti. Kata veega ja küpseta keskmisel kuumusel. Kui see hakkab keema, koorige. Küpseta 4 tundi.

Filtreerige läbi sõela ja viige teise anumasse. Broneeri kiiresti külmikusse.

TRIKK

Ärge soolage enne kasutamist, sest see rikneb kergemini. Kasutatakse aluspuljongina kastmete, suppide, riisi, hautiste jms valmistamisel.

TOMATI KONCASS

KOOSTISOSAD

1 kg tomateid

120 g sibulat

2 küüslauguküünt

1 oksake rosmariini

1 oksake tüümiani

Suhkur

1 dl oliiviõli

soola

TÖÖTLEMINE

Haki sibul ja küüslauk väikesteks tükkideks. Pruunista aeglaselt pannil 10 minutit.

Tükelda kirsstomatid ja lisa koos aromaatsete ürtidega pannile. Küpseta, kuni tomatid kaotavad kogu vee.

Vajadusel lisa soola ja suhkrut.

TRIKK

Seda saab eelnevalt valmistada ja hoida külmkapis õhukindlas pakendis.

ROBERTO KASTE

KOOSTISOSAD

200 g murulauku

100 g võid

½ l lihapuljongit

¼ l valget veini

1 spl jahu

1 spl sinepit

Sool ja pipar

TÖÖTLEMINE

Prae tükeldatud sibul võis läbi. Lisa jahu ja pruunista aeglaselt 5 minutit.

Tõsta kuumust, vala juurde vein ja lase segamist katkestamata poole võrra vähendada.

Lisa puljong ja keeda veel 5 minutit. Kui tulelt on maha võetud, lisa sinep ning maitsesta soola ja pipraga.

TRIKK

Ideaalne sealiha kõrvale.

ROOSA KASTE

KOOSTISOSAD

250 g majoneesikastet (vt osa Puljongid ja kastmed)

2 supilusikatäit ketšupit

2 supilusikatäit brändit

½ apelsini mahl

Tabasco

Sool ja pipar

TÖÖTLEMINE

Sega majonees, ketšup, brändi, mahl, näputäis Tabascot, sool ja pipar. Vahusta hästi, kuni saad ühtlase kastme.

TRIKK

Kastme homogeensemaks muutmiseks lisa ½ supilusikatäit sinepit ja 2 spl vedelat koort.

KALADE SÄILITAMINE

KOOSTISOSAD

500 g valge kala luid või pead

1 dl valget veini

1 oksake peterselli

1 porrulauk

½ väikest sibulat

5 pipratera

TÖÖTLEMINE

Pane kõik koostisosad pannile ja kata 1 liitri külma veega. Keeda keskmisel kuumusel 20 minutit, jätkates vahutamist.

Filtreerige, viige teise anumasse ja asetage kiiresti külmkappi.

TRIKK

Ärge soolage enne kasutamist, sest see rikneb kergemini. See on kastmete, riisi, suppide jne aluseks.

SAKSAMAA KASTE

KOOSTISOSAD

35 g võid

35 g jahu

2 munakollast

½ l puljongit (kala, liha, linnuliha jne)

soola

TÖÖTLEMINE

Prae jahu võis madalal kuumusel 5 minutit. Lisa järsku puljong ja keeda keskmisel kuumusel pidevalt segades veel 15 minutit. Maitsesta soolaga.

Tõsta tulelt maha ja jätka vahustamist, lisa munakollased.

TRIKK

Ärge kuumutage liiga palju, et munakollased ei kõverduks.

JULGE KASTE

KOOSTISOSAD

750 g praetud tomatit

1 väike klaas valget veini

3 supilusikatäit äädikat

10 toorest mandlit

10 tšillit

5 viilu leiba

3 küüslauguküünt

1 sibul

Suhkur

Oliiviõli

soola

TÖÖTLEMINE

Pruunista pannil terve küüslauk. Eemalda ja reserveeri. Pruunista samas õlis mandlid. Eemalda ja reserveeri. Prae samal pannil leib. Eemalda ja reserveeri.

Prae samas õlis julieneeritud sibul koos tšilliga. Kui see on keedetud, niisutage seda äädika ja veiniklaasiga. Lase kõrgel kuumusel 3 minutit haududa.

Lisa tomat, küüslauk, mandlid ja leib. Keeda 5 minutit, blenderda ja vajadusel lisa soola ja suhkrut.

TRIKK

Seda saab külmutada üksikutel jääalustel ja kasutada ainult vajaliku koguse.

TUME puljong (KANA VÕI VEISELIHA)

KOOSTISOSAD

5 kg veise- või kanakonte

500 g tomateid

250 g porgandit

250 g porrut

125 g sibulat

½ liitrit punast veini

5 liitrit külma vett

1 ananassi oks

3 loorberilehte

2 oksa tüümiani

2 oksa rosmariini

15 pipratera

TÖÖTLEMINE

Küpseta kondid 185 kraadi juures, kuni need on kergelt röstitud. Lisa samale pannile keskmisteks tükkideks lõigatud puhastatud köögiviljad. Pruunista köögiviljad.

Asetage luud ja köögiviljad suurde potti. Lisa vein ja ürdid ning lisa vesi. Keeda 6 tundi madalal kuumusel, aeg-ajalt koorides. Filtreerige ja laske jahtuda.

TRIKK

See on paljude kastmete, hautiste, risotode, suppide jne aluseks. Kui puljong on külm, tahkub rasv pealt ära. See muudab selle eemaldamise lihtsamaks.

MOJO PICON

KOOSTISOSAD

8 supilusikatäit äädikat

2 tl köömnete tera

2 tl magusat paprikat

2 küüslaugu pead

3 Cayenne

30 supilusikatäit õli

jämesool

TÖÖTLEMINE

Sega kõik tahked koostisosad, välja arvatud paprika, uhmris, kuni saad pasta.

Lisa paprika ja jätka püreestamist. Lisage vedelikke vähehaaval, kuni saate ühtlase ja emulgeeritud kastme.

TRIKK

Ideaalne kaaslaseks kuulsate kortskartulitega ja ka grillkala kõrvale.

PESTO KASTE

KOOSTISOSAD

100 g piiniaseemneid

100 g parmesani

1 hunnik värsket basiilikut

1 küüslauguküünt

Õrn oliiviõli

TÖÖTLEMINE

Segage kõik koostisosad, muutmata need väga homogeenseks, et märgata piiniapähklite krõmpsumist.

TRIKK

Seedermänniseemned võid asendada kreeka pähklitega ja basiiliku värske raketiga. See on algselt valmistatud mördiga.

MAGUSHAPU KASTE

KOOSTISOSAD

100 g suhkrut

100 ml äädikat

50 ml sojakastet

1 sidruni koor

1 apelsini koor

TÖÖTLEMINE

Keeda suhkrut, äädikat, sojakastet ja tsitruselist koort 10 minutit. Lase enne kasutamist jahtuda.

TRIKK

See on ideaalne kaaslane kevadrullide jaoks.

ROHELINE MOJITO

KOOSTISOSAD

8 supilusikatäit äädikat

2 tl köömnete tera

4 rohelise pipra palli

2 küüslaugu pead

1 hunnik peterselli või koriandrit

30 supilusikatäit õli

jämesool

TÖÖTLEMINE

Blenderda kõik kuivained, kuni saad pasta.

Lisage vedelikke vähehaaval, kuni saate ühtlase ja emulgeeritud kastme.

TRIKK

Säilib probleemideta, kilega kaetult külmkapis paar päeva.

BESAMO KASTE

KOOSTISOSAD

85 g võid

85 g jahu

1 liiter piima

Muskaatpähkel

Sool ja pipar

TÖÖTLEMINE

Sulata potis või, lisa jahu ja keeda tasasel tulel pidevalt segades 10 minutit.

Lisa korraga piim ja keeda veel 20 minutit. Jätkake segamist. Maitsesta soola, pipra ja muskaatpähkliga.

TRIKK

Et vältida tükkide teket, küpseta jahu koos võiga tasasel tulel ja vahustamist katkestamata, kuni segu muutub peaaegu vedelaks.

JAHIKASTE

KOOSTISOSAD

200 g seeni

200 g tomatikastet

125 g võid

½ l lihapuljongit

¼ l valget veini

1 spl jahu

1 murulauk

Sool ja pipar

TÖÖTLEMINE

Prae peeneks hakitud murulauku võis keskmisel kuumusel 5 minutit.

Lisa puhastatud ja neljaks lõigatud seened ning tõsta kuumust. Küpseta veel 5 minutit, kuni need kaotavad vee. Lisa jahu ja küpseta pidevalt segades veel 5 minutit.

Vala juurde vein ja lase taheneda. Lisa tomatikaste ja veiselihapuljong. Küpseta veel 5 minutit.

TRIKK

Hoia külmkapis ja määri peale kerge kiht võid, et pinnale ei tekiks koorikut.

AIOLI KASTE

KOOSTISOSAD

6 küüslauguküünt

Äädikas

½ l mahedat oliiviõli

soola

TÖÖTLEMINE

Purusta küüslauk koos soolaga uhmris, kuni saad pasta.

Lisa vähehaaval õli, segades nuiaga, kuni saad paksu kastme. Lisa kastmele tilk äädikat.

TRIKK

Kui lisad küüslauku purustades 1 munakollase, on kastet lihtsam valmistada.

AMEERIKA KASTE

KOOSTISOSAD

150 g krevette

250 g krevette ja krevettide rümpasid ja pead

250 g küpseid tomateid

250 g sibulat

100 g võid

50 g porgandit

50 g porrut

½ l kalapuljongit

1 dl valget veini

½ dl brändit

1 spl jahu

1 tase teelusikatäis vürtsikat paprikat

1 oksake tüümiani

soola

TÖÖTLEMINE

Pruunista köögiviljad, välja arvatud tükeldatud tomatid, võis. Järgmisena pruunista paprika ja jahu.

Pruunista krabid ja ülejäänud mereandide pead ning flambeeri koos brändiga. Salvestage krabisabad ja hakkige rümbad koos puljongiga. Filtreerige 2 või 3 korda, kuni rümbast ei jää enam jälgegi.

Lisa köögiviljadele puljong, vein, neljandikku lõigatud kirsstomatid ja tüümian. Keeda 40 minutit, blenderda ja maitsesta soolaga.

TRIKK

Ideaalne kaste täidetud paprika, merikuradi või kalapiruka kõrvale.

AURORA "KASTE

KOOSTISOSAD

45 g võid

½ l sametist kastet (vt puljongid ja kastmed)

3 supilusikatäit tomatikastet

TÖÖTLEMINE

Keeda sametine kaste, lisa lusikatäied tomatit ja klopi vispliga läbi.

Eemaldage tulelt, lisage või ja jätkake segamist, kuni see on hästi segunenud.

TRIKK

Kasutage seda kastet mõne kuradimuna lisandiks.

GRILLIKASTUS

KOOSTISOSAD

1 purk Coca Cola

1 tass tomatikastet

1 tass ketšupit

½ tassi äädikat

1 tl pune

1 tl tüümiani

1 tl köömneid

1 küüslauguküünt

1 Cayenne'i pipar, purustatud

½ sibulat

Oliiviõli

Sool ja pipar

TÖÖTLEMINE

Lõika sibul ja küüslauk väikesteks tükkideks ning pruunista tilgakeses õlis. Kui see on pehme, lisa tomat, ketšup ja äädikas.

Küpseta 3 minutit. Lisa Cayenne'i pipar ja vürtsid. Segage, valage Coca-Cola ja küpseta, kuni see muutub paksuks konsistentsiks.

TRIKK

See on ideaalne kaste kanatiibadele. Seda saab külmutada üksikutel jääalustel ja kasutada ainult vajaliku koguse.

BERNESE KASTE

KOOSTISOSAD

250 g selitatud võid

1 dl estragoni äädikat

1 dl valget veini

3 munakollast

1 šalottsibul (või ½ väikest murulauku)

Estragon

Sool ja pipar

TÖÖTLEMINE

Kuumuta hakitud šalottsibul potis koos äädika ja veiniga. Lase vähendada, kuni saad umbes 1 spl.

Klopi soolatud munakollased bain-marie hulka. Lisage veini ja äädika vähendamist ning 2 supilusikatäit külma vett, kuni maht kahekordistub.

Lisa vahustamist jätkates järk-järgult munakollastele sulavõi. Lisage veidi tükeldatud estragoni ja hoidke bain-marie's temperatuuril kuni 50 °C.

TRIKK

Tarbimise vältimiseks on oluline seda kastet hoida madalal kuumusel bain-marie's.

CARBONARA KASTE

KOOSTISOSAD

200 g peekonit

200 g koort

150 g parmesani

1 keskmine sibul

3 munakollast

Sool ja pipar

TÖÖTLEMINE

Prae kuubikuteks lõigatud sibul. Kui see on pruunistunud, lisa õhukesteks ribadeks lõigatud peekon ja jäta tulele kuldseks.

Seejärel vala juurde koor, maitsesta soola ja pipraga ning keeda aeglaselt 20 minutit.

Kui olete tulelt maha võtnud, lisage riivjuust, munakollased ja segage.

TRIKK

Kui see jääb mõneks muuks korraks üle, siis soojendamisel tehke seda tasasel tulel ja mitte liiga kaua, et muna ei tarretuks.

VORSTIKASTE

KOOSTISOSAD

200 g murulauku

100 g kornišonid

100 g võid

½ l lihapuljongit

125 cl valget veini

125 cl äädikat

1 spl sinepit

1 spl jahu

Sool ja pipar

TÖÖTLEMINE

Prae tükeldatud sibul võis läbi. Lisa jahu ja pruunista aeglaselt 5 minutit.

Tõsta kuumust ja vala juurde vein ja äädikas ning lase segades poole võrra väheneda.

Lisa puljong, hapukurk ja keeda veel 5 minutit. Tõsta tulelt ja lisa sinep. Hooaeg.

TRIKK

See kaste sobib ideaalselt rasvase liha kõrvale.

CUMBERLAND KASTE

KOOSTISOSAD

150 g mustsõstramoosi

½ dl portveini

1 klaas tumedat lihapuljongit (vt jaotist Puljongid ja kastmed)

1 tl pulbristatud ingverit

1 spl sinepit

1 šalottsibul

½ apelsini koort

½ sidruni koor

½ apelsini mahl

½ sidruni mahl

Sool ja pipar

TÖÖTLEMINE

Lõika apelsini ja sidruni koored peeneks julienne ribadeks. Keeda külmast veest ja keeda 10 sekundit. Korrake toimingut 2 korda. Nõruta ja värskenda.

Haki šalottsibul peeneks ja küpseta 1 minut, segades pidevalt mustasõstramoosi, portveini, puljongi, tsitrusekoore ja -mahla, sinepi, ingveri, soola ja pipraga. Lase jahtuda.

TRIKK

See on ideaalne kaste pasteetide või ulukiroogade lisandiks.

KARRIKASTE

KOOSTISOSAD

200 g sibulat

2 supilusikatäit jahu

2 spl karrit

3 küüslauguküünt

2 suurt tomatit

1 oksake tüümiani

1 loorberileht

1 pudel kookospiima

1 õun

1 banaan

Oliiviõli

soola

TÖÖTLEMINE

Prae õlis hakitud küüslauk ja sibul. Lisa karri ja prae 3 minutit. Lisa jahu ja pruunista pidevalt segades veel 5 minutit.

Lisa neljaks lõigatud kirsstomatid, aromaatsed ürdid ja kookospiim. Keeda 30 minutit madalal kuumusel. Lisa kooritud ja tükeldatud õun ja banaan ning küpseta veel 5 minutit. Tükelda, filtreeri ja maitsesta soolaga.

TRIKK

Selle kastme kalorisisalduse vähendamiseks vähendage kookospiima hulka poole võrra ja asendage see kanapuljongiga.

KÜÜSLUGUKASTE

KOOSTISOSAD

250 ml koort

10 küüslauguküünt

Sool ja pipar

TÖÖTLEMINE

Blanšeeri küüslauk 3 korda külmas vees. Kuumuta keemiseni, nõruta ja aja külma veega uuesti keema. Korrake seda toimingut 3 korda.

Pärast küpsemist küpseta neid koos koorega 25 minutit. Lõpuks maitsesta soola ja pipraga ning blenderda.

TRIKK

Kõik kreemid pole ühesugused. Kui see on liiga paks, lisa veidi koort ja küpseta veel 5 minutit. Kui see on väga vedel, küpseta kauem. See sobib suurepäraselt kaladele.

MURAKASKASTE

KOOSTISOSAD

200 g murakad

25 g suhkrut

250 ml hispaania kastet (vt jaotist Puljongid ja kastmed)

100 ml magusat veini

2 supilusikatäit äädikat

1 spl võid

Sool ja pipar

TÖÖTLEMINE

Valmistage madalal kuumusel suhkruga karamell. Lisa äädikas, vein, murakad ja küpseta 15 minutit.

Vala peale hispaania kaste. Maitsesta, blenderda, filtreeri ja kuumuta koos võiga keemiseni.

TRIKK

See on ideaalne kaste ulukiliha kõrvale.

SIIDRIKASTE

KOOSTISOSAD

250 ml koort

1 pudel siidrit

1 kabatšokk

1 porgand

1 porrulauk

soola

TÖÖTLEMINE

Lõika köögiviljad kangideks ja pruunista neid kõrgel kuumusel 3 minutit. Vala sisse siider ja lase 5 minutit haududa.

Lisa koor, sool ja keeda veel 15 minutit.

TRIKK

Ideaalne lisandiks grillitud merilatika seljatüki või lõheviiluga.

KETŠUP

KOOSTISOSAD

1 ½ kg küpseid tomateid

250 g sibulat

1 klaas valget veini

1 singi luu

2 küüslauguküünt

1 suur porgand

Värske tüümian

värske rosmariin

Suhkur (valikuline)

soola

TÖÖTLEMINE

Lõika sibul, küüslauk ja porgand julienne ribadeks ning pruunista need keskmisel kuumusel. Kui köögiviljad on pehmed, lisa luu ja deglaseeri veiniga. Tõstke leek üles.

Lisa neljaks lõigatud kirsstomatid ja aromaatsed ürdid. Küpseta 30 minutit.

Eemaldage luu ja ürdid. Tükelda, filtreeri ja vajadusel lisa soola ja suhkrut.

TRIKK

Külmutage üksikutel jääkuubikutel, et alati oleks käepärast maitsev omatehtud tomatikaste.

PEDRO XIMÉNEZ VEINIKASTE

KOOSTISOSAD

35 g võid

250 ml hispaania kastet (vt jaotist Puljongid ja kastmed)

75 ml Pedro Ximénezi veini

Sool ja pipar

TÖÖTLEMINE

Kuumuta veini 5 minutit keskmisel kuumusel. Lisa Hispaania kaste ja küpseta veel 5 minutit.

Paksendamiseks ja läike andmiseks lisa vahustamist jätkates tulelt tükeldatud külm või. Hooaeg.

TRIKK

Seda saab teha mis tahes magusa veiniga, näiteks portveiniga.

KOOREKASTES

KOOSTISOSAD

½ l bešamelli (vt puljongid ja kastmed)

200 cl koort

½ sidruni mahl

TÖÖTLEMINE

Keeda bešamel ja lisa koor. Küpseta, kuni saad umbes 400 cl kastet. Kui olete tulelt maha võtnud, lisage sidrunimahl.

TRIKK

Ideaalne kala ja täidetud munade gratineerimiseks, pruunistamiseks.

MAHONNEEESI KASTE

KOOSTISOSAD

2 muna

½ sidruni mahl

½ l mahedat oliiviõli

Sool ja pipar

TÖÖTLEMINE

Asetage munad ja sidrunimahl segisti klaasi.

Vahusta mikseriga 5, lisades õli peenikese joana ilma kloppimist katkestamata. Reguleerige soola ja pipart.

TRIKK

Selleks, et see blenderdamise ajal puruneks ei läheks, lisa blenderi kannu koos ülejäänud koostisosadega 1 spl kuuma vett.

www.ingramcontent.com/pod-product-compliance
Lightning Source LLC
Chambersburg PA
CBHW071824110526
44591CB00011B/1207